LI

PROUVENÇALO

C. A. David

A moun ami C. A. David.

Sariè bèn que quaucun s'aplantèsse au lindau
pèr recampa li gèn que vendran deja l'oustau
Mounte, dóu gai sabé li Muso reviéudado
Fan entèndre soun parauli :
David, i' as mes aquèu que li-a rampelado....
Fagues pas crèse, au men, qu'as près lou jus pouli.

Avignoun, 20 de febrié 52.   J. Roumanille

LI PROUVENÇALO

POÉSIES DIVERSES

RECUEILLIES PAR J. ROUMANILLE

AUTEUR DE LI MARGARIDETO, LI CLUB, LA FERIGOULO, LI CAPELAN, ETC.

PRÉCÉDÉES D'UNE INTRODUCTION

PAR M. SAINT-RENÉ TAILLANDIER

PROFESSEUR DE LITTÉRATURE FRANÇAISE A LA FACULTÉ DES LETTRES DE MONTPELLIER

ET SUIVIES D'UN GLOSSAIRE.

Ai fa coumé fan li-z-abrio:
De floureto en floureto ai acampa de mèu.
J. ROUMANILLE. (*Poésies inédites.*)

AVIGNON

SEGUIN AÎNÉ, LIBRAIRE-ÉDITEUR
rue Bouquerie, 13.

1852

INTRODUCTION.

I

Il s'accomplit, depuis une vingtaine d'années environ, un mouvement d'idées tout à fait inattendu, et bien digne de fixer l'attention des esprits clairvoyants : d'un bout de l'Europe à l'autre, les traditions nationales sont remises en honneur; les influences du sol reprennent leur pouvoir; maints souvenirs effacés se raniment; maintes langues que l'on croyait mortes semblent miraculeusement retrouvées. Tantôt, ce sont des races entières qui prétendent réformer les arrêts de l'histoire, et vont chercher dans la poussière des siècles leurs titres déchirés, leurs idiomes disparus, leurs institutions abolies, pour reconquérir une place au soleil ; tantôt, ce sont seulement des instincts domestiques qui se réveillent : le sentiment filial des choses passées, le culte des vieilles mœurs et du vieux langage réclame pacifiquement son droit. Ce que les Tchèques de la Bohême, les Slowaques de la Hongrie, les Croates des côtes illyriennes ont tenté sur le théâtre de l'action, les Flamands de la Belgique et les Bretons de la France l'ont entrepris aussi dans le domaine de la culture intellectuelle. Cette espèce d'insurrection a éclaté presque partout à la fois et sous des formes bien différentes. Ici, elle se mêlait aux événements politiques; là, elle ne sortait pas de l'enceinte du foyer. Ici, exigeante et hautaine, elle appelait les peuples au combat; là, bienveillante et pieuse, elle n'avait d'autre but que de charmer les âmes tendres en renouant la chaîne des anciens âges.

Le réveil du sentiment de race, qui sera sans doute un des signes distinctifs du 19e siècle, doit être jugé diversement selon les contrées où il s'est produit et les prétentions qu'il a fait naître. Il est certains résultats définitifs qui sont comme les jugements de Dieu exécutés par le travail des siècles, et contre lesquels toute protestation serait vaine. Quant au sentiment en lui-même, qu'il se trompe ou non dans ses espérances, qu'il poursuive des chimères ou se contente des réformes possibles, je ne pense pas qu'on puisse lui refuser une sympathique approbation. Il me paraît évident que c'était là une réaction indispensable contre des erreurs funestes. D'ambitieuses utopies, renouvelées ou entretenues par l'esprit révolutionnaire, ne visaient pas à moins qu'à la destruction de toute patrie; on sacrifiait à je ne sais quelle idole appelée l'Humanité les sentiments les plus chers et les droits les plus précieux; l'homme devait renoncer à tout ce qui fait le prix de la vie, aux traditions qui le soutiennent, aux souvenirs qui le charment, à son rôle distinct dans le monde, afin de confondre son existence au sein de la promiscuité universelle. Que dire de plus enfin? Pour ces idées barbares, des termes barbares étaient créés, et les doctrines *huma-*

nitaires inspiraient à des cerveaux creux de fastueuses déclamations.

La contagion de ces systèmes menteurs pouvait-elle n'être pas redoutable ? Un grand et harmonieux écrivain, un poëte qui enchanta notre jeunesse, semblait les prendre sous le patronage de sa gloire. Ce n'était pas assez pour M. de Lamartine d'arborer ce mot *humanitaire* dans sa préface de *Jocelyn*, et de nous donner *la Chute d'un ange* comme le premier chant d'un poëme immense consacré aux utopies que nous blâmons : le brillant rêveur écrivait des strophes enthousiastes pour flétrir le sentiment national. Il fallait, à l'en croire, rayer ce mot du vocabulaire du genre humain ; la patrie n'était qu'une invention de la haine. N'est-ce pas le divin poëte du *Lac*, du *Crucifix* et de *Jéhova*, qui jetait, il y a quelques années, ces incompréhensibles paroles ?

> Nations ! mot pompeux pour dire barbarie !
> L'amour s'arrête-t-il où s'arrêtent vos pas ?
> Déchirez ces drapeaux ; une autre voix vous crie :
> L'égoïsme et la haine ont seuls une patrie ;
> La fraternité n'en a pas !

M. de Lamartine, assurément, n'accepterait pas toutes les conséquences d'un tel système ; il ignorait, en traçant ces lignes, ce qu'une philosophie détestable en peut faire sortir. N'est-ce là pourtant qu'un cri échappé au rêveur ? n'est-ce que l'élan irréfléchi d'une âme séduite par tous les brillants mirages ? Le poëte enfin, en maudissant la patrie au nom de cette fraternité abstraite, obéissait-il simplement aux caprices de sa plume ? Non, certes. S'il n'y avait rien de plus dans cette strophe imprudente, il ne conviendrait pas de s'y arrêter. Ce qui a dû inquiéter ici la critique attentive, c'est que le généreux écrivain se faisait l'interprète d'erreurs trop répandues déjà, et y ajoutait la fascination de son langage. Ce n'était pas une parole jetée au hasard, mais la proclamation, par une bouche illustre, d'un système logiquement formulé et soutenu par de farouches adeptes.

Or, chaque fois que je pense à ces vers, je m'empresse de relire une page charmante inspirée par un esprit tout différent : c'est la plaintive élégie du poëte de la Bretagne sur la disparition de la langue que parlaient ses ancêtres. L'auteur de *Marie* et de *Télen Arvor* voit avec douleur s'effacer de jour en jour les vestiges des mœurs antiques; il défend avec un amour obstiné cette langue des vieux Celtes, qui, consacrée, il y a plus de treize cents ans, par les hymnes druidiques du barde Thaliésin, a été renouvelée depuis, sans s'altérer jamais, par l'adoption des croyances chrétiennes. Barde populaire lui-même, il écrit, dans cet idiome vénéré, des récits familiers pour la cabane rustique, des chansons de fête pour les *Pardons* du pays de Vannes, des chants religieux pour les solennités du Christ; et s'il apprend que plusieurs prêtres de son pays travaillent à effacer ce souvenir des aïeux, il leur adresse cette touchante et respectueuse plainte, qui est comme une réponse directe au chantre ambitieux du genre humain :

> Donc, à notre retour, du milieu de la lande
> Le joyeux *halliké* ne s'élèvera plus,
> Les pâtres traîneront quelque chanson normande,
> Et nous serons pour eux comme des inconnus.
>
> Oh! l'ardent rossignol, le linot, la mésange,
> Pour louer le Seigneur n'ont pas la même voix;

Dans la création tout s'unit, mais tout change,
Et la variété, c'est une de ses lois.

. . . .

Le dur niveau partout! — O prêtres d'Armorique,
Si calmes, mais si forts sous vos surplis de lin,
Anne laissa tomber le joug sur la Celtique :
Sauvez du moins, sauvez la harpe de Merlin!

Par delà le détroit, chez nos frères de Galles,
On n'a point oublié la bannière d'azur;
Le barde vénéré siége encor dans les salles,
Et les livres fervents prônent le grand Arthur!

Ces touchants appels de M. Brizeux expriment parfaitement la réaction provoquée, sur tous les points de l'Europe, par le développement excessif de ce penchant qui porte les peuples à l'unité. Sans doute, ce sentiment de l'unité est respectable aussi, s'il est contenu dans les limites du vrai et ne devient pas une matière à déclamations. Les peuples modernes tendent toujours à abaisser leurs barrières, et à mettre de plus en plus leurs destinées en commun; mais la première condition de cette alliance, n'est-ce pas que chaque peuple vive d'abord de sa vie propre? n'est-ce pas qu'il soit maître de toutes ses forces, grâce à ce sentiment profond qui en embrasse tant d'autres : le sentiment de la patrie? Une alliance entre des peuples qui n'auraient pas vraiment la possession d'eux-mêmes, ne mériterait pas un tel nom : ce ne serait que la confusion et le chaos. Ainsi s'explique ce double mouvement dont notre siècle est le théâtre, aspiration vers l'unité humaine, retour aux traditions du foyer. Ces deux mouvements, contradictoires en apparence, ne se détruisent pas mutuellement : loin de là, ils se répondent, et l'un est la condition de l'autre. Ne soyez donc pas surpris que, malgré les rapports chaque jour plus fréquents des nations jadis divisées, malgré les conquêtes fécondes de la paix, malgré les sympathiques tendances que le christianisme ennoblit et propage, malgré tant de légitimes efforts vers ce qu'un grand poëte a appelé *la sainte alliance des peuples*, — ne soyez pas surpris que les utopies des rêveurs et les déclamations des fanatiques n'aient servi qu'à provoquer ce réveil de l'esprit de race. On disait aux peuples : Jetez au vent les cendres des tombeaux, supprimez toute votre histoire : l'égoïsme seul a une patrie ; — et aussitôt le culte du passé se réveille ; des érudits que le patriotisme inspire ressuscitent des langues éteintes ; là où les vieux idiomes ne sont pas morts, ils reprennent une nouvelle vie, et se débarrassent de la rouille des siècles ; chaque province, chaque tribu, chaque famille humaine évoque religieusement ses traditions d'autrefois, et des lacs de la Suède aux montagnes du Tyrol, des sapins de la Bohême aux chênes de la Bretagne, partout s'élève une mélodie nationale ; partout retentit, comme dit le poëte, le joyeux *halliké !*

II

PARMI ces familles d'hommes qui interrogent ainsi leurs annales domestiques, il en est une surtout qui n'avait qu'à se souvenir pour ramasser des trésors. A une époque où la barbarie couvrait le monde, entre les pâles lueurs de la décadence antique et la naissance des nations modernes, il y avait un coin de terre privilégié où la culture intellectuelle avait trouvé un refuge et produit des merveilles. C'est sous le soleil de la France du Midi que s'est épanouie la fleur de la civilisation chrétienne ; c'est l'imagination provençale qui a délié la langue des peuples nouvellement constitués, et frayé la route où s'est élancé leur génie. Dante et Pétrarque, sans doute, n'avaient pas besoin des chantres de la langue d'oc pour être des intelligences supérieures : auraient-ils été de grands poëtes sans cette bienfaisante influence ? auraient-ils été surtout des poëtes vraiment nationaux, et tiendraient-ils une si glorieuse place dans l'histoire de l'art italien ? Il est permis d'en douter. Dante, qui avait eu la pensée d'écrire en latin *la divine Comédie*, savait bien lui-même à qui il devait rapporter la meilleure part de son inspiration. Son Traité *de vulgari Eloquio* renferme à cet égard des renseignements inestimables, et il n'est pas de spectacle plus touchant, il n'est pas de titre littéraire plus précieux pour nous que la reconnaissance de ce maître immortel envers les gracieux poëtes de la France romane.

Les premiers entre les artistes modernes, ces chantres mélodieux ont mis en lumière ce qui est le fond même de l'inspiration chrétienne : l'amour. Si quelque chose distingue l'art chrétien de l'art antique, c'est assurément la profondeur des sentiments, la sympathie ardente, l'ouverture et la richesse du cœur. La gloire de l'art ancien était dans la perfection des formes et la netteté de la pensée : inspiré par la religion du Christ, l'art nouveau ne devait pas être découragé par la beauté des modèles grecs et latins ; il avait des destinées bien différentes, des destinées plus hautes à remplir, puisque l'idéal s'était miraculeusement agrandi, et que le sentiment de l'infini était révélé à l'homme. Or, toutes ces ressources de poésie qu'apportait le christianisme, toutes ces richesses dont il allait fournir les matériaux aux penseurs et aux artistes, tout cela se résume dans le mot *amour*. C'est l'honneur des Provençaux d'avoir chanté les premiers l'amour et ses mille enchantements. D'autres le chanteront mieux sans doute; des poëtes plus hardis entreront dans ses mystères; ils sauront parcourir tous les degrés de cette faculté magnifique, et arrivés au fond de notre être, ils y trouveront Dieu. La mystique Béatrice de *la divine Comédie*, l'incomparable Laure du *Canzoniere*, seront les types les plus purs de l'amour, soit que cet amour, comme chez Pétrarque, exalte et parfume toutes les puissances de l'âme, soit que, dans l'imagination ardente du Florentin, il se confonde avec l'ineffable sublimité des dogmes. Les chantres de la Provence n'ont pas connu d'inspirations si hautes; cette science profonde de l'amour, ce n'est encore chez eux que *la gaie science*. M. Villemain les a peints d'un mot charmant : « Leur poésie est à fleur d'âme. » Mais qu'ils sont gracieux dans cette légèreté même ! En se jouant à la surface des choses, que de trésors pourtant ils recueillent ! La place qu'ils ont prise était vraiment merveilleuse. Encore une fois, et on ne l'a pas assez remarqué, ce sont eux qui ont eu le privilége de respirer, de cueillir, avant tous les poëtes de la moderne Europe, la fleur de l'inspiration nouvelle dont le christianisme faisait présent au monde. C'est par là qu'ils ont charmé Dante et Pétrarque, c'est par là qu'ils ont donné l'essor à ces grands maîtres.

L'amour, l'amour printanier et poétique, l'amour chevaleresque et subtil, tel est le thème varié de mille manières par ces imaginations mélodieuses. Ce qui peut sembler frivole aujourd'hui avait son importance alors. Ce n'était pas, certes, une œuvre inutile que d'apaiser les cœurs, d'adoucir et de purifier les passions dans un monde où la violence tenait tant de place. Les services rendus par la chevalerie à l'irrégulière société du moyen âge ne lui appartiennent pas à elle seule : la poésie romane peut en revendiquer sa part. La poésie romane, préparée par bien des transformations antérieures, parvenue à sa perfection au temps de Bertrand de Born et d'Arnaud Daniel, a été, pendant le XIIe et le XIIIe siècle, le véritable chœur de la chevalerie européenne ; elle en chantait la strophe et l'antistrophe. A cette suave musique, tout semblait s'ordonner avec grâce. Les dogmes de cette religion mondaine étaient proclamés dans la plus douce des langues, et l'idéal qu'elle faisait si délicatement apparaître élevait les âmes au-dessus des mœurs brutales de l'époque. Tandis que Bertrand de Born, dans ses sirventes enflammés, célébrait la joie des combats, Arnaud Daniel chantait l'amour, et Giraud de Borneil la morale. (1) Ces poëtes, que Dante signale comme les maîtres de l'art, avaient de nombreux émules, et il nous est difficile aujourd'hui d'apprécier d'une façon précise les différences qui les séparent. Quelle élégance printanière chez Bernard de Ventadour, chez Raimbaud

(1) Quare hæc tria, salus videlicet, venus, virtus apparent esse illa magnalia quæ sint maxime pertractanda, hoc est ea, quæ maxima sunt ad ista, ut armorum probitas, amoris ascensio et directio voluntatis. Circa quæ sola, si bene recolimus, illustres viros invenimus vulgariter poetasse : scilicet Bertramum de Bornio, arma; Arnaldum Danielem, amorem; Gerardum de Bornello, rectitudinem..... Bertramus etenim ait : *Non posse mul dal, cum cantar non exparia.* Arnaldus : *Laura amara fal bruol brancum damb.* Gerardus : *Piu solaz reveillar, che's trop endormir.*

Dante. (*De vulgari Eloquio sive Idiomate. Lib. II, c. 2.*)

de Vaqueiras, chez cet Arnaud de Marveil, que Pétrarque a tant de fois imité ! Quelle originalité charmante chez Pierre Vidal ! Comme leur vie était conforme à l'enthousiasme de leurs strophes ! On dirait qu'ils habitent le monde des rêves ; ils cheminent par des routes enchantées où la passion les conduit, et la réalité se transfigure sans cesse sous leurs pas. Ce ne sont que fleurs, chants d'oiseaux, fêtes brillantes, dames qui se penchent aux fenêtres cintrées, *fraîches et blanches comme neige de Noël*, — un printemps qui ne finit pas, une incantation perpétuelle. Quelquefois un mot, un rayon de soleil, une espérance inattendue les font partir pour de lointains voyages ; ils vont chercher au loin la beauté, et ils meurent en l'apercevant, comme ce Geoffroy Rudel qui, entendant vanter la Comtesse de Tripoli par des Croisés revenus de Terre-Sainte, reconnut dans ce portrait l'image qui charmait ses songes, s'embarqua, arriva à Tripoli, et rendit l'âme aussitôt sous le regard de sa dame. Amour de tête, subtilités passionnées, bizarreries où l'imagination a plus de part que le cœur même, voilà le fond de leur poésie, voilà ce que recouvre l'enfantine candeur de leur langage. Oui, c'est l'enfance poétique du monde moderne, enfance joyeuse, étourdie, légère, aux mouvements subits, aux impressions tumultueuses et rapides. « Quand je vois poindre l'herbe verte et la « feuille, les fleurs éclore par les champs ; quand le ros-« signol élève sa voix haute et claire et s'émeut à chan-« ter, je suis heureux du rossignol et des fleurs ; je suis « heureux de moi, et plus heureux de ma dame ; je suis « de toutes parts enveloppé, pressé de joie ; mais joie « d'amour passe toutes les autres. » Ainsi parle Bernard de Ventadour, et il résume en ce peu de mots l'inspiration qui a soutenu pendant deux siècles les chanteurs du Midi de la France.

Cette inspiration nous explique trop bien, hélas! les destinées de la poésie provençale. L'enfance doit faire place à la jeunesse, et la jeunesse à la virilité. Aux premiers et fugitifs mouvements de l'âme qui s'éveille, aux impressions gaîment superficielles doivent succéder les graves pensées et les résolutions durables. Si cette transformation ne s'accomplit pas, la gentillesse des idées et du langage deviendra bientôt un signe fatal. Rien de plus pénible que ce bégaiement de l'esprit à l'âge où il faut que l'homme déploie sa force. C'est l'époque où Dante va construire le sublime édifice de la foi du moyen âge, où l'Espagne écrit à la pointe de l'épée son belliqueux *Romancero*, où Wolfram d'Eschembach glorifie, dans le *Parceval*, dans le *Titurel*, le hardi mysticisme des races du Nord, et *emparadise* les âmes. (1) Que fait cependant la Provence? Ses chants, toujours plus nombreux, ne sont que des variations sans fin sur le même motif, qu'elle a depuis longtemps épuisé. Rien de net, rien de distinct; aucune œuvre qui porte l'empreinte d'un génie viril, et puisse rester comme l'immortel monument d'une période digne d'échapper à l'oubli. On peut lui appliquer ces vers de Béranger:

> Ses gais refrains vous égalent en nombre,
> Fleurs d'acacias qu'éparpillent les vents.

Oui, canzones, tensons, descors, sonnets, sixtines, le vent éparpille au loin toutes ces fleurs d'acacias; elles ne s'épanouissent que pour mourir aussitôt. La grâce est

(1) Celui qui lira, ou entendra, ou copiera ce livre, que son âme soit emparadisée (*geparadiset*.)
    Wolfram d'Eschembach. (*Titurel.*)

encore, jusqu'au dernier jour, le partage de ces natures heureuses, mais c'est une grâce qui finit par impatienter le lecteur, tant on est triste de voir ces dons charmants prodigués en pure perte. Vous croyez avoir affaire à des hommes, et vous ne saisissez plus aucun accent distinct, aucune parole fièrement jetée ; c'est comme un gazouillement d'oiseau. Ils le disent eux-mêmes avec une naïveté singulière : « Le doux chant des oiseaux par le « bocage m'adoucit et me fait revenir le cœur ; et puis-« que les oiseaux ont leur raison de chanter, bien dois-« je aussi chanter, moi qui ai plus de joie qu'eux, moi « dont toutes les journées sont des journées de chant et « de joie, moi qui ne songe à rien autre. » C'est encore Bernard de Ventadour qui nous peint ici la ressemblante image de ses amis. Babil d'oiseau, enivrement de la parole, murmure mélodieux, léger, interminable, voilà ce qu'était devenue la poésie de la Provence, à l'heure où l'imagination moderne, éveillée par ses appels, allait produire, au Nord et au Midi de l'Europe, des œuvres assez originales pour défier les injures du temps. Un seul homme, à ce qu'il semble, Pierre Cardinal, sut rendre des pensées viriles en un sublime langage. Lorsque la croisade des Albigeois étouffe dans le sang cette civilisation élégante et fragile, les invectives de ce maître hardi infligent aux vainqueurs un châtiment formidable ; puis, le fer et le feu achèvent leur besogne, et la langue provençale disparaît : *les chants avaient cessé !*

La Muse provençale ne pouvait pas mourir tout entière. Sa gloire, nous l'avons dit, est surtout d'avoir initié le moyen âge au culte de l'art, d'avoir inspiré, au Midi et au Nord, maintes littératures nationales. Ce ne sont pas seulement Dante et Pétrarque qui furent les héritiers de son génie ; si elle n'eut pas de plus glorieux disciples, elle en eut d'aussi dévoués, et dans des contrées plus lointaines. Tandis qu'Arnaud Daniel charmait les Italiens, ses rivaux portaient l'influence de la France du Midi chez presque tous les peuples civilisés de l'Europe, Giraud de Borneil en Espagne, Bernard de Ventadour en Angleterre, et Raimbaud de Vaqueiras jusqu'en Grèce, à la suite des Montferrat et des Villehardouin. (1) L'Allemagne était initiée de mille manières aux œuvres de nos poëtes. Les Hohenstaufen avaient trop de rapports avec l'Italie pour que l'influence provençale, si complétement acceptée de Milan jusqu'à Naples, ne pénétrât pas chez les peuples germaniques. La France romane, assurément, ne saurait s'attribuer à elle seule le frais épanouissement de la poésie allemande au XIIIe siècle; il est impossible toutefois de méconnaître sa bienfaisante action. Les Provençaux, — un célèbre historien allemand l'a remarqué (2) —, ont été pour l'Europe ce que furent les Grecs dans le monde antique : race ingénieuse et vive, ils ont imprimé leur marque à toute la littérature européenne ; ils ont inventé des formes de vers dont ils ont fixé les noms; ils sont les parrains de l'art moderne. Or, l'Allemagne ne leur doit pas seulement maintes richesses de rhythme et de langage, elle leur doit des inspirations dont elle a tiré le meilleur parti; les *minnesinger* sont les Provençaux du Nord. De si précieux services rendus à la culture littéraire ne font-ils pas oublier bien des fautes ? Ne soyons pas inquiets de la gloire de ces vieux maîtres:

---

(1) Il existe des poëmes provençaux traduits en grec du XIIIe siècle. (V. Monumenta medii ævi plerumque inedita, græca, latina, itala, franco-gallica, etc. publié par Von der Hagen. 1821, in-8°.)

(2) Gervinus. Geschichte der deutschen national-literatur. T. I. p. 208.

si le sort les a vaincus, si ce mol idiome n'a pas eu le temps de mûrir, s'il n'est pas sorti de ce groupe de chanteurs quelque poëte immortel, leur œuvre cependant n'est pas abandonnée aux érudits : elle reste vivante dans la mémoire des peuples européens. Chacun d'eux retrouvera toujours, au début de sa vie intellectuelle, ce gracieux génie provençal qui lui a donné l'essor; chacun d'eux verra passer, au fond de ces siècles obscurs, la triste et souriante image d'un Arnaud Daniel disant, comme dans la *divine Comédie* (1) :

Ieu sui Arnaud che plor e vai cantan.

III

Notre siècle nous a donné une preuve bien frappante de ce que je viens de dire. Les *minnesinger* sont revenus ; les héritiers de Wolfram d'Eschembach, de Walther de Vogelweide, d'Hartmann d'Aue, du tendre et mélodieux Hadloub, ont reparu en Allemagne, et leur premier soin a été de rendre hommage à ces vieux maîtres provençaux qui avaient inspiré leurs pères. Le plus illustre des modernes trouvères de la Souabe, Uhland, partage ses chants entre les traditions de sa patrie et les *minnesinger* de notre France : il a célébré Geoffroy Rudel, Bertrand de Born, et personne n'a trouvé de plus douces paroles pour peindre ces contrées heureuses qu'embaumait, au moyen âge, la fleur de poésie. A sa suite, bien des écrivains reconnaissants ont multiplié ces pieux témoignages. Henri Heine lui-même impose silence à sa

(1) Dante, Divina Comœdia. Purgat. Cant. XXVI.

fantaisie ironique, Henri Heine devient sérieux et tendre quand il parle de ces vieux chanteurs. Je pourrais faire ici bien des citations curieuses ; je pourrais traduire, comme preuve d'un fait littéraire digne de remarque, et comme de précieux titres pour notre Provence, plus d'une page d'Uhland ou de ses disciples ; je n'en donnerai qu'une seule : elle est de l'impitoyable humoriste qui a raillé les choses les plus saintes. Quel fils de la Provence a été plus affectueusement inspiré qu'Henri Heine en cette suave peinture ?

GEOFFROY RUDEL ET MÉLISANDE DE TRIPOLI.

Dans le château de Blaye, on voit sur les murailles les tapis que la Comtesse de Tripoli a brodés jadis de ses mains industrieuses.

Elle y a brodé toute son âme, et des larmes d'amour ont trempé ces tableaux de soie qui représentent la scène suivante :

Comment la Comtesse aperçut Rudel expirant sur le rivage, et reconnut aussitôt dans ses traits l'idéal de ses désirs.

Rudel aussi vit là, pour la première et pour la dernière fois, la dame qui, si souvent, l'avait enchanté en songe.

La Comtesse se penche sur lui, le tient embrassé avec amour, et baise sa bouche pâle par la mort, sa bouche qui l'a si bien chantée !

Ah! le baiser de bienvenue a été en même temps le baiser d'adieu ; en même temps, ils ont vidé la coupe de la félicité suprême et de la suprême douleur.

Dans le château de Blaye, toutes les nuits, on entend un murmure, un bruit, un frémissement vague ; les figures des tapisseries commencent tout à coup à vivre.

Le troubadour et la dame secouent leurs membres de fantômes qu'a engourdis le sommeil ; ils sortent de la muraille, et vont et viennent par les salles.

Chuchoteries secrètes, gracieux badinage, douces et mélancoliques familiarités, galanterie posthume du temps des chantres d'amour.

— « Geoffroy ! mon cœur mort se réveille à ta voix. Dans les cendres, depuis longtemps éteintes, je retrouve une étincelle. »

— « Mélisande ! bonheur et fleur ! quand je regarde tes yeux, je revis. Il n'y a de mort en moi que ma peine, ma souffrance terrestre. »

— « Geoffroy ! jadis nous nous aimions en rêve : aujourd'hui nous nous aimons jusque dans la mort. Le Dieu amour a fait ce miracle ! »

— « Mélisande ! qu'est-ce que le rêve, qu'est-ce que la mort ? rien que de vains mots. Dans l'amour seul est la vérité, et je t'aime, ô mon éternellement belle ! »

— « Geoffroy ! qu'il fait bon ici, dans cette salle, au clair de lune ! Jamais plus je ne voudrais voir le jour et les rayons du soleil. »

— « Mélisande ! chère folle ! tu es toi-même la lumière et le soleil : partout, sous tes pas, fleurit le printemps ; partout s'épanouissent délices d'amour et délices de mal. »

Ainsi ils causent, ainsi ils vont de çà, de là, ces gracieux fantômes, tandis qu'un rayon de la lune les écoute à la fenêtre cintrée.

A la fin cependant, le premier éclat du matin met en fuite l'apparition charmante ; ils se glissent, tout effarouchés, dans les tapisseries de la muraille.

Certainement, l'âme des chantres d'amour est là. Oubliez le sujet particulier que traite le poëte, ne voyez-vous pas dans ce tableau comme un symbole de la Provence elle-même ? C'est l'oraison funèbre de cette poésie si tôt disparue. Chuchoteries secrètes, murmure tendre et charmant à la douteuse clarté de la lune, voilà bien ce qui nous en reste dans le souvenir, et on ne pouvait exprimer ce sentiment avec une grâce mieux appropriée. Et que serait-ce si je pouvais vous parler longuement ici du poème de Nicolas Lenau ? Uhland et Henri Heine n'ont donné que des fragments épars sur la Provence : Nicolas Lenau a consacré à sa gloire toute une série de ballades épiques. Dans ce romancero qu'il intitule *les Albigeois*, la Provence tout entière revit avec ses richesses aimables et ses tragiques destinées. Troubadours et jongleurs passent et repassent dans son tableau. Sous leurs pas, la gaie science s'épanouit ; maintes plantes délicates entr'ouvrent leurs corolles; maintes harmonies retentissent : c'est l'aurore de la poésie européenne avec l'orchestre aux mille accords qui joue, dans les prés et sur les montagnes, l'enivrante partition du printemps. Et quelle émotion sincère quand l'heure fatale a sonné, quand l'invasion du Nord, avec ses cris féroces, couvre la mélodie enchanteresse, quand la langue et la société provençales, confondues avec l'hérésie albigeoise, s'abîment dans le même incendie!

Telle a été la sympathie des nouveaux *minnesinger* pour les chantres provençaux du XIIIe siècle. Ces souvenirs, on le voit, sont vivants encore dans le cœur des poëtes. Wolfram d'Eschembach s'inspirait d'Arnaud Daniel; Uhland célèbre Bertrand de Born; Henri Heine attendrit sa voix moqueuse pour chanter Geoffroy Rudel et la Comtesse de Tripoli, et Nicolas Lenau écrit pieusement la tragique épopée de la Provence. Encore une fois, chacune des littératures nationales de l'Europe, sitôt qu'elle se réveille et interroge son passé, trouve à la première page de ses traditions la trace ineffaçable de nos brillants rapsodes.

IV

C'eut été une chose singulière, en vérité, si, au sein même de la Provence, ces traditions ne se fussent pas retrouvées toutes seules, et n'eussent pas suscité des imaginations noblement ambitieuses. Les *minnesinger* avaient des héritiers en Allemagne: Arnaud Daniel et Bernard de Ventadour, Giraud de Borneil et Raimbaud de Vaqueiras ne devaient-ils pas se glorifier aussi d'une génération de fils pieux et dévoués? Quelque chose manquerait à ce mouvement littéraire et moral dont je parlais tout à l'heure, si la Provence du XIXe siècle n'avait travaillé à tirer de l'oubli l'idiome qui a charmé le moyen âge. Elle y travaille, en effet, et avec un soin religieux. Un homme qui ne doit rien à l'érudition, un cœur simple et riche a répondu, sans le savoir, aux voix harmonieuses qui, de l'est à l'ouest de l'Europe, remettent en lumière les trésors enfouis des contrées natales. Ce que d'autres ont fait de propos délibéré, il l'a accompli d'instinct. Des érudits ont retrouvé la Provence dans les manuscrits et les livres: lui, il l'a retrouvée dans son cœur, dans son amour du sol, dans son inspiration de chrétien et d'artiste. La fleur bleue des souvenirs, comme disent les poëtes allemands, s'est épanouie partout sur son chemin: il l'a cueillie. C'était la fleur d'Arnaud Daniel et de Gérard de Borneil, aussi fraîche, aussi printanière qu'au premier jour, parée seulement, j'ose le dire, d'une beauté nouvelle, et empruntant une virilité inattendue aux influences d'un siècle plus grave.

M. Roumanille est un vrai poëte: il possède et la richesse d'émotions, sans laquelle il n'est pas de poésie digne de ce titre, et le sentiment du style, sans lequel l'inspiration la plus heureuse n'est qu'un lingot brut et grossier. C'est un trait digne de remarque que ce vif amour de la langue chez un homme dont l'instinct a été le meilleur maître. L'idiome provençal, depuis l'heure de sa chute, avait perdu sa noblesse et sa grâce; consacré aux joies vulgaires, dégradé par des œuvres plates et triviales, il était descendu au rang des patois; M. Roumanille a entrepris de lui rendre sa dignité. Pour cela, il a bien compris qu'il fallait lui faire exprimer les pensées élevées et les sérieux sentiments de l'âme. Cette molle langue était tombée au-dessous d'elle-même, du jour où les poëtes l'avaient abandonnée; elle ne pouvait être régénérée que par la poésie. Or, les compositions de M. Roumanille, bien que fidèles à la riante tradition de son pays, sont constamment empreintes d'un caractère de sérénité et de force. Élévation de la pensée, allégresse du style et des figures, voilà ce qui distingue avant tout les œuvres de cet aimable esprit. Il atteint sans effort à certaines beautés d'un ordre presque mystique, et toujours sa parole est naïve, sa langue est familière et fraîche; maintes images inattendues viennent égayer la gravité de son inspiration. La poésie religieuse, amie des sublimes hauteurs, échappe difficilement à la monotonie : ce danger n'existe pas pour une imagination que la nature seule a formée, et qui sait si bien associer la simplicité à la noblesse.

Issu des classes laborieuses, fils d'un jardinier de St-Remy, et pourvu d'un modeste emploi dans une imprimerie d'Avignon, M. Roumanille a donné une tâche bienfaisante à sa Muse. Sans dogmatiser jamais, il s'applique à moraliser ses frères. Ce même idiome qui chantait, il y a six siècles, sous les créneaux pavoisés et dans l'enceinte des cours d'amour, s'adresse maintenant au peuple des campagnes pour lui enseigner les joies viriles du travail, les enchantements de la nature, les consolations de la foi chrétienne. Cet apostolat n'a rien de sévère sur les lèvres de M. Roumanille : il introduit partout je ne sais quelle allégresse qui réjouit l'âme. Lisez ses *Marguerites* (*li Margarideto*) (1), lisez ses dialogues populaires si sensés, *les Prêtres* (*li Capelan*) (2) : dans les sujets les plus élevés, son imagination est toujours alerte et familière : comme ce petit enfant dont parle un de ses *noëls*, elle va prendre ses ébats dans l'étable, elle monte sur l'âne, elle joue avec les cornes du bœuf auprès de la crèche de Jésus. (3) Que de bien a été réalisé déjà par cette prédication sans apprêt! M. de Falloux, il y a quelques mois, passant par Avignon pour se rendre en Italie, applaudit chaleureusement l'ouvrier-poëte, qui défriche si bien les landes et les marais de son pays. Le témoignage d'une estime vraie, un précieux suffrage adressé à l'homme, voilà les récompenses que M. Roumanille préfère, après la vue même du bien qu'il a réussi à produire. Que les récompenses littéraires lui viennent un jour ou qu'elles lui fassent défaut, que Paris sache son nom ou l'ignore, il n'en sera ni plus ni moins dévoué à sa tâche. Ces récompenses toutefois ne lui ont pas manqué non plus : M. Émile Deschamps a traduit avec une rare élégance son élégie sur la mort de Requien (4), et M. Sainte-Beuve saluait dernièrement, dans une pièce sur les Crèches, *une grâce que n'eussent pas désavouée Klopstock ni M. de Vigny*. C'est cette pièce aussi qu'il faut citer, pour

---

(1) In-8°. Fr. Seguin, Avignon, 1847.
(2) In-12. Fr. Seguin, Avignon, 1851.
(3) Mountaral à chivòu
  Su l'ase o su lou bíòu.
  (*Li Margarideto*, liv. IV, pag. 158.)
(4) *Li Prouvençalo*, pag. 223.

faire connaître M. Roumanille; et bien que tout le mérite du style et du rhythme disparaisse dans une traduction, le lecteur applaudira aux paroles de l'éminent critique:

LES CRÈCHES. (1)

A SAINTE-BEUVE.

I

Parmi les chœurs de séraphins que Dieu a faits pour chanter éternellement, ivres d'amour: « Gloire ! gloire au Père ! » dans les joies du Paradis, il y en avait un qui, souvent, loin des joyeux chanteurs, s'en allait tout pensif.

Et son front blanc comme neige penchait vers la terre, pareil à celui d'une fleur qui n'a point d'eau l'été. De plus en plus il devenait rêveur. Si l'ennui, lorsqu'on est dans la gloire de Dieu, pouvait tourmenter le cœur, je dirais que ce bel ange s'ennuyait.

A quoi rêvait-il ainsi, et en cachette? Pourquoi n'était-il pas de la fête? Pourquoi, seul parmi les anges, comme s'il avait péché, inclinait-il le front?

II

Le voilà! Il vient de s'agenouiller devant Dieu. Que va-t-il dire? que va-t-il faire? Pour le voir et l'entendre, ses frères interrompent leur alleluia.

III

— « Quand Jésus enfant pleurait, qu'il était tout trem-
« blant de froid dans l'étable de Bethléem, c'est mon sourire

(1) *Page* 389.

b

« qui le consolait, mon aile qui le couvrait ; je le réchauffais
« de mon haleine. »

« Et depuis, ô mon Dieu ! quand un enfantelet pleure, dans
« mon cœur pieux sa voix vient retentir ; voilà pourquoi mon
« cœur souffre à toute heure, Seigneur ! Voilà pourquoi je suis
« pensif. »

« Sur la terre, ô mon Dieu ! j'ai quelque chose à faire : per-
« mettez que j'y redescende. Il y a tant de petits enfants, hélas !
« pauvres agneaux de lait ! qui, tout transis de froid, ne font
« que se désoler loin des mamelles, loin des baisers de leur
« mère. Dans des chambres bien chaudes je veux les abriter ;
« je veux les coucher dans des berceaux et les bien cou-
« vrir. Je veux les dorloter, je veux en être *le berceur*. Je veux
« qu'au lieu d'une seule, ils aient tous vingt mères qui les
« endormiront quand ils auront bien tété. »

IV

Les anges l'applaudirent ; et vite, il étendit les ailes ; du haut
du ciel, rapide comme l'éclair, descendit l'ange, et les mères
ici-bas tressaillirent de bonheur, et les Crèches s'ouvrirent
partout où passa l'ange des petits enfants.

De tels accents suffisent pour montrer tout ce qu'ap-
porte avec elle cette renaissance de la poésie provençale.
Sans doute, dans une autre partie de cette France du Midi
où régnait jadis la langue d'oc, un écrivain plus connu
que M. Roumanille, un poëte dont une légitime renom-
mée a couronné les travaux, avait déjà confié à l'idiome
des troubadours l'expression des pensées les plus sérieu-
ses. On sait avec quel mélange de fraîcheur rustique et de
sérénité morale Jasmin a pris rang parmi les chanteurs
les plus aimés de notre siècle. L'auteur de l'*Abugle de
Castel-Cuillé*, de *Françounetto*, de *la Semmano d'un
fil*, occupe une place qu'on ne lui enlèvera pas. Mais la

langue de Jasmin n'est pas précisément la langue provençale dans sa pureté native : bien des éléments espagnols, bien des formes catalanes y ont été mêlées par le travail des siècles. Le poëte a beau maîtriser, par la puissance de son art, cet idiome irrégulier, on ne s'étonnera pas que les héritiers de la véritable langue des maîtres s'efforcent d'en conserver l'ingénuité et la noblesse. Au moyen âge déjà, il y avait comme deux branches de la même langue: le limousin, et le provençal proprement dit ; c'est le limousin surtout qui, avec Giraud de Borneil, a pénétré en Catalogne ; le provençal appartenait au Languedoc et aux contrées du Rhône. Les deux poëtes qui représentent le mieux ces deux branches, Giraud de Borneil et Arnaud Daniel, avaient leurs partisans enthousiastes et leurs adversaires passionnés. Dante, au XXVIe chant du *Purgatoire*, est fort dur pour *le limousin*, quoique plus tard, dans le Traité *de vulgari Eloquio*, il l'ait glorifié comme un des trois maîtres de la poésie provençale ; Arnaud Daniel était le poëte des Italiens. (1) De telles luttes ne reviendront pas ; aucune restauration de style ne peut porter ombrage à l'honneur de Jasmin, ni faire oublier les fraîches peintures de *Françounetto*, les émotions si vraies de l'*Abugle de Castel-Cuillé* : permettez cependant à M. Roumanille de poursuivre, avec l'ardeur du patriote

(1) V. Dante. Purgat. Cant. XXVI. — De vulg. Eloq. lib. II. cap. 2. — Les érudits modernes, Lacurne de Sainte-Palaye, Raynouard, Fauriel, ont pris vivement le parti de Giraud de Borneil et rabaissé Arnaud Daniel. Le vers de Dante ne les a pas effrayés :

Versi d'amoro et prose di romanzi
Soverchiò tutti, e lascia dir gli sciocchi
Che quel di Lemosin credon che avanzi.

et le sentiment de l'artiste, cette épuration de la langue qu'ont illustrée ses pères.

M. Roumanille convie ses amis à cette tâche, et déjà il a rassemblé autour de lui une phalange pleine de zèle, qui l'a merveilleusement secondé. Il y en a quatre ou cinq surtout qu'a visités la Muse. Comme ils sont accourus à l'appel de leur frère! comme ils se donnent gaîment la main! quelle farandole charmante! La poésie a bien ici le caractère qui convient aux mœurs primitives: elle est gaie, sereine, naïvement pittoresque; les images abondent sur les lèvres des chanteurs comme les fleurs dans les prés par une belle journée de soleil. M. Camille Reybaud est une intelligence méditative. Son *Épître à M. Requien* (1) atteste une imagination noble, accoutumée à errer sur les cimes. M. Crousillat a un sentiment vrai des scènes de la nature, et quelque chose d'Horace ou d'André Chénier revit çà et là dans ses inspirations. Ils sont tous deux, avec M. Roumanille, les chefs de la pléiade. Intelligences cultivées, MM. Reybaud et Crousillat étaient les auxiliaires naturels de celui qui voulait purifier la langue provençale de tout grossier mélange. La gravité est le caractère de leurs œuvres, gravité charmante et telle qu'il sied à des poëtes. Ce n'est pas avec eux que ce doux idiome roman oublierait ses nouveaux devoirs, et se laisserait aller à une familiarité que le goût n'approuverait pas. Un des vieux maîtres se plaignait déjà, au temps même d'Arnaud Daniel, du nombre sans cesse croissant des troubadours, de leur fécondité banale, de leur peu de respect pour les lois de l'art; il les appelait *des éclopés, des boîteux*; et c'est par eux, ajoutait-il, que se perd *belle raison si chère:* « C'est pourquoi se perd belle raison si

---

(1) Page 65.

« chère, attendu que les éclopés et les boiteux trouvent
« et sont chanteurs. »

> Per que bella rasos cara
> Se pert, que'l clop e li rano
> Trobon e son cantador.

Ces vers de Giraud de Calanson semblent la devise toujours présente de nos deux chanteurs; ils s'appliquent à donner de bons exemples, à enseigner la noblesse de l'imagination et la pureté du style. Dans les méditations philosophiques de M. Reybaud, dans les pastorales de M. Crousillat, un certain sentiment de la beauté antique est heureusement allié aux grâces plus familières de la poésie de notre siècle. Ce soin de la forme, cet amour de l'élégance sévère, M. Camille Reybaud le puise dans son propre esprit, naturellement ami des choses élevées; M. Crousillat, en artiste curieux, va le demander aux modèles de l'art ancien et de l'art moderne, à Horace et à André Chénier, aux Italiens et aux Anglais. Excellente préoccupation, je le répète, et qu'on ne saurait trop recommander à une littérature qui s'organise! Une fois maîtresse du style, une fois assurée du terrain vraiment poétique où elle marche, l'imagination peut s'aventurer sans crainte; la bonne humeur, la verve joyeuse, la reproduction des types populaires ne coûtera rien à la pureté du langage ni à la délicatesse de l'art. Ainsi a fait M. Roumanille: le poëte des crèches, l'auteur de tant de noëls chantés au coin de l'âtre dans tous les villages de la Provence et du Comtat, est aussi le plus gai, le plus franc, le plus comique des peintres de genre. C'est pour cela que l'un des jeunes disciples, émerveillé de cette double inspiration, a pu dire, aux applaudissements de tous : *Mài Roumanille es lou mignó.* (1)

Parmi ces disciples, qui suivent de près leurs maîtres, il en est trois dont la verve originale mérite une mention à part : la poésie de M. Aubanel est fraîche et robuste ; il sait rendre avec une franchise singulière le bruit du travail et le mouvement de la vie agreste ; il aime aussi les tableaux de genre, les scènes courtes, vives, expressives. Ce qu'on a loué çà et là dans quelques pièces de M. Pierre Dupont me semble bien plus remarquable dans certaines pièces de M. Aubanel, outre que le mérite de la poésie n'est jamais altéré chez lui par une inspiration suspecte. *Les Faucheurs* (*li Segaire*) (2) se recommandent par une rusticité hardie. *Le 9 thermidor* est une scène d'une effrayante vigueur. L'ivresse hébétée du terrorisme a-t-elle jamais été mise en scène avec une pareille audace, et aussi rudement flagellée ?

LE 9 THERMIDOR. (3)

> Ahi dura terra, perchè non t'apristi!
> Dante. (Inferno, c. 33.)

— Où vas-tu avec ton grand couteau ? — Couper des têtes, je suis bourreau.

— Mais le sang a jailli sur la veste, sur les doigts. Bourreau, lave tes mains. — Et pourquoi ? demain je recommence : il reste encore à couper tant de têtes !

— Où vas-tu avec ton grand couteau ? — Couper des têtes, je suis bourreau.

— Tu es bourreau ! je le sais. Es-tu père ? un enfant ne t'a

---

(1) *Bonjour en touti*, page 3.
(2) *Page* 135. — (3) *Page* 313.

jamais ému. Sans frémir et sans avoir bu, tu fais mourir les enfants avec les mères.

— Où vas-tu avec ton grand couteau ? — Couper des têtes, je suis bourreau.

— La place est toute pavée de tes morts. Ceux qui vivent encore te prient à genoux. Dis-moi, es-tu homme ou non ?.....
— Laisse-moi, que j'achève ma journée.

— Où vas-tu avec ton grand couteau ? — Couper des têtes, je suis bourreau.

— Dis-moi, quel goût a ton breuvage? Dans ton verre, le sang n'écume-t-il pas? Lorsque tu manges ton pain, ne crois-tu pas le nourrir de chair ?

— Où vas-tu avec ton grand couteau ? — Couper des têtes, je suis bourreau.

— La sueur et la fatigue s'emparent de toi. Arrête! ton couteau s'ébrèche ; ô bourreau! tu pourrais bien nous manquer, et malheur si la victime échappe !

— Où vas-tu avec ton grand couteau ? — Couper des têtes, je suis bourreau.

— Elle a échappé! Mets à ton tour ta joue sur le billot rouge de sang moisi. Les tendons de ton cou vont craquer. O bourreau! l'heure est venue, il faut que ta tête saute.

— Aiguisez de frais le grand couteau : tranchons la tête du bourreau !

Voilà, si je ne m'abuse, un horrible tableau de genre, qu'un poëte seul pouvait mener à bien. Un autre écrivain de la même famille est M. Glaup, esprit original et hardi qui semble un Téniers provençal. Sa verve, innocemment railleuse, excelle à reproduire les mœurs populaires, à dessiner des portraits pleins de mouvement et de couleur, à faire paraître et disparaître de gaies silhouettes qui se gravent dans le souvenir. M. Mistral, enfin, est un coloriste à qui ne manquent ni l'audace ni la puissance. Ce qui le distingue, c'est l'originalité des images et la souplesse de la forme. Son langage est à lui; il aime à emprunter au peuple ses métaphores, ses locutions, ses tours de phrase, pour les élever à la dignité poétique ; joute hardie et périlleuse d'où il sort presque toujours victorieux. Tour à tour aimable ou terrible, pathétique ou sinistre, on voit surtout qu'il a l'ambition de mêler à la grâce naturelle de la langue du Midi la vigueur d'une littérature plus mâle. Personne ne regrette plus que lui la mollesse d'idées et de style qui a été si fatale au génie de ses aïeux. Il ne renonce pas à l'élégance ; mais quel sentiment hardi de la réalité, quelle énergie redoutable dans ses peintures ! Soit qu'il chante *la Bello d'avous* (1), et qu'avec une grâce funèbre, il associe toute la nature éplorée aux malheurs de son héroïne ; soit que, dans l'étrange pièce intitulée *Amarun* (2), il attaque le débauché, le secoue, le flagelle, et l'enferme épouvanté au fond du sépulcre infect ; soit que, devant un épi de folle avoine (*à la Civado féro*) (3), son ironie sans pitié châtie l'oisiveté insolente et bouffie, — toujours il y a chez lui une pensée généreuse, une imagination agreste, un langage imprégné des plus franches odeurs du terroir. Voyez aussi quelle impétuosité, bien digne du sujet assurément, dans son ode au furieux vent de la vallée du Rhône (*lou Mistrau!*) (4) Avec cela, il est cordial et sympathique. C'est lui qui a salué le chœur des poëtes provençaux et prononcé les paroles d'adieu (*Bonjour en touti, Adessias en touti*) (5) : il est gai quand l'assemblée se forme, il est triste quand elle a fini son œuvre. Se reverront-ils, en effet? Cette renaissance peut-elle se promettre une longue durée? sérieux problèmes dont la préoccupation l'honore. Ce qui a pu être pour d'autres une simple farandole, comme on en voit si souvent dans ce pays des cérémo-

(1) *Page* 211. — (2) *Page* 9. — (3) *Page* 269.
(4) *Page* 301. — (5) *Pages* 3, et 393.

nies grecques et des jeux du roi René, est pour lui une chose grave. M. Mistral est un de ceux qui ont pris le plus à cœur cette restauration du pur langage d'autrefois: artiste zélé et critique plein de sens, il sait juger ses confrères avec franchise. Si cette école s'organise avec suite et produit d'heureux fruits, ce sera en grande partie à la sollicitude de M. Mistral qu'en reviendra l'honneur; il est le conseiller, le censeur, le juge sympathique et sévère de cette entreprise, dont M. Roumanille est l'âme.

N'oublions pas un hymne à saint Vincent-de-Paul (*Sen Bincen de Pol*) (1), par Jasmin; une pièce de M. C. H. Dupuy, pleine d'une grâce tout anacréontique, *le petit Papillon* (*lou pichó Parpayoun*) (2); *lou Riéu* (3) et *Goutouno* (4) de M. A. Matthieu; d'ingénieuses fables de MM. Albert Gautier et F. Aubert, où l'on distingue un sentiment fin de la narration; de franches et naïves inspirations du vieux poëte marseillais Pierre Bellot. Pierre Bellot est le doyen de ce poétique groupe; il était presque seul naguère à entretenir le culte du langage natal, à sauver la tradition menacée de toutes parts, et il y a longtemps que Charles Nodier l'encourageait dans ses efforts avec une grâce cordiale. Comme il doit se réjouir aujourd'hui de ce *renouveau* qu'il n'espérait plus! Plaçons auprès de lui M. Castil-Blaze, qui sourit, de son côté, non sans quelque surprise peut-être, à ce subit et généreux élan, à ces ambitions élevées de la Muse provençale. Cette langue, qu'il défendait avec les armes de la vieille raillerie gauloise, se recommandera désormais par des œuvres sérieuses et une influence utile. M. Castil-Blaze songeait-il à ce réveil inattendu, lorsqu'il s'est mis à célébrer sur le mode grave (*lou grand Bal*) (5), le murmure

---

(1) *Page* 285. — (2) *Page* 199. — (3) *Page* 93.
(4) *Page* 255. — (5) *Page* 289.

de la vie universelle pendant une nuit de printemps, et
l'ombre qui chante ses litanies ?

> Que soun bella, li-z armounia,
> Tranquilla niu dau mes de mai!
> L'oumbra canta si litania,
> Quand lou jour se teisa et s'en vai.....

M. Moquin-Tandon, membre correspondant de l'Institut, a voulu aussi faire briller son épi dans la gerbe de M. Roumanille. Bien d'autres encore seraient à citer : laissons le lecteur faire lui-même son choix, et rendre à chacun ce qui lui est dû.

Entreprise et conduite de cette façon, la renaissance de la poésie provençale, n'en doutons pas, paraîtra digne d'un intérêt sérieux. Nous avons dit en commençant à quel point de vue il convenait de se placer pour la juger équitablement et lui accorder l'estime qu'elle mérite. Il est certains résultats acquis contre lesquels on réclamerait en vain : ni la civilisation moderne ni la langue française ne sont menacées par ce retour à des traditions particulières : le culte de la famille ne nuit pas à l'amour de la cité ; la petite patrie ne fait pas oublier la grande. Soit qu'on s'attache seulement à la question littéraire, soit qu'on se préoccupe de la morale sociale, comment refuser une affectueuse sympathie à l'œuvre de M. Roumanille ? Pour les lettrés, c'est le réveil d'une langue qui a eu de brillantes et douloureuses destinées, qui a enchanté l'Europe, qui a inspiré Dante et Pétrarque, qui a suscité presque toutes les poésies nationales ; c'est le réveil de cette langue, purgée désormais d'un mauvais alliage et rendue à sa dignité première. Pour ceux qui songent surtout à l'amélioration des classes pauvres

et au redressement des esprits égarés, c'est un instrument de plus employé déjà par des mains loyales au défrichement de nos landes. Cette poésie populaire ne propagera que des leçons utiles ou des consolations aimables. Elle adoucissait, au moyen âge, les mœurs des barons féodaux : elle célèbre aujourd'hui, non plus les subtilités de l'amour chevaleresque, mais le nouvel idéal qui doit apaiser les cœurs violents; elle chante tout ce qui élève l'âme, tout ce qui charme la vie ; elle fait aimer le travail et la prière. Terminons donc par un remerciment au digne chef de cette école : quand nous pensons aux soins que M. Roumanille a apportés dans cette tâche, à ce pieux respect de sa langue maternelle, à ce sentiment si vrai de la poésie, nous n'hésitons pas à dire de lui et de son livre ce que disait, il y a six siècles, dans ce même idiome à présent restauré, le naïf poëte de *la Chronique des Albigeois* : — « Depuis qu'il fut commencé
» jusqu'à ce qu'il fut fini, il ne mit son application en
» autre chose, même à peine il dormit. Le livre fut
» bien fait et composé de bons termes ; et, si vous le vou-
» lez entendre, les grands et les petits, vous pouvez y
» apprendre beaucoup de bon sens et de belles paroles. »

Pos que fo commensalz entro que fo fenit,
Non mes en als sa entenza, neis a pena s dormit,
Lo libres fo be faitz, e de bos motz complit ;
E, si 'l voletz entendre, li grand e li petit,
I poires mot aprenre de sen e de bel dit.

SAINT-RENÉ TAILLANDIER,

Professeur de littérature française à la Faculté des lettres de Montpellier.

TABLE.

H. D'ANSELME, *de Salon.*

Soulami. (*Élégie.*) 40

J.-J.-L. D'ASTROS, *d'Aix.*

La Cigalo et la Fournigo. (*Fable.*) 369

TH. AUBANEL, *d'Avignon.*

Lou Vin cueu. (*Étude de mœurs.*) 80
Li Segaire. (*Id.*) 135

La Vèuso. (*Romance.*)	173
Requien. (*Élégie.*)	237
Lou 9 Thermidor. (*Ballade.*)	313
Per Toussant. (*Élégie.*)	339

F. AUBERT, *de Marseille.*

Lou Ratier e lou Roussignóu. (*Fable.*)	119
Mineto e Ratoun. (*Fable.*)	193

BARTHÉLEMY, *de Marseille.*

A l'Autour de Chichois. (*Fragment.*)	379

J. BASTIÉRA, *de Cornillon.*

Lou Gibous que nèdo. (*Facétie.*)	205

P. BELLOT, *de Marseille.*

Lou Martegau. (*Facétie.*)	23
A moun Fillóu Ducó. (*Épître.*)	59
A Moussu Jean Aycard. (*Id.*)	145

Epitro à moun ami Landais. 245
Mariage de Jeanet. (*Épithalame.*) 329

G. BENEDIT, *de Marseille.*

Lei dous Paysan marseillés à Tivoli. 367

F.-H.-J. BLAZE (CASTIL), *de Cavaillon.*

L'Home prouposa. (*Élégie.*) 249
Lou grand Bal. (*Stances.*) 289

P. BONNET, *de Beaucaire.*

Lou Caladaire e lou Medecin. (*Épigramme.*) 143
L'Aloueto e sa flo. (*Fable.*) 203

AUGUSTIN BOUDIN, *d'Avignon.*

A moun ami Bigand. (*Sonnet.*) 261
Lou Lis e la Vioúleto. (*Fable.*) 353

MARIUS BOURRELLY, de Marseille.

Jocrisso. (Facétie.)	107
Leis Voulurs. (Id.)	163
Lou Panier de figuos. (Id.)	307

D.-G. CASSAN, d'Avignon.

Lou Goudroun. (Facétie.)	273

B. CHALVET, de Nyons.

Madeloun. (Élégie.)	115

Mlle LÉONIDE CONSTANS, de Lavalette.

L'Adiou dou Cassaire à sa bastido. (Stances.)	309

A.-B. CROUSILLAT, de Salon.

Lou Roure et la Canetto. (Sonnet.)	7

La bono Nouvello. (*Noël.*)   13
Adiéu. (*Élégie.*)   51
La Margaridetto. (*Stances.*)   103
Eis Estello. (*Sonnet.*)   133
Odo imitado d'Horaço.   185
A Dido. (*Sonnet.*)   219
A la Cigalo. (*Stances.*)   241
A-n-uno bravo Pichouno. (*Stances.*)   270
Prègo per iéu. (*Élégie.*)   323

A. DUPUY, *de Carpentras.*

Lou Bichou e lou Tigre. (*Fable.*)   201

G.-H. DUPUY, *de Carpentras.*

Lou pichó Parpayoun. (*Idylle.*)   169

E. GARCIN, *d'Alleins.*

Roundèu.   235
Lou Jour di mort. (*Sonnet.*)   301

J.-D. GAUT, *d'Aix.*

Brunetto. (*Villanelle.*)   293

A. GAUTIER, *de Tarascon.*

Lagremo. (*Sonnet.*)   23
Lou Grié e lou Parpaioun. (*Fable.*)   43
Li dous Miòu. (*Id.*)   141
Li dous Pela. (*Id.*)   197
La Rato-penado e la Moustelo. (*Id.*)   227
Lou bon Remèdi. (*Conte.*)   333

GLAUP, *d'Orgon.*

Li mau Partajado. (*Satyre.*)   81
Li mau Partaja. (*Id.*)   121
Uno bono Fiero. (*Chanson.*)   231
A Moussu Bigand. (*Stances.*)   207
A la Santo Vierjo Mario. (*Ode.*)   373

J. JASMIN, *d'Agen.*

Al Curé poéto.   87

Sèn Bincèn de Pol. 285

LE MARQUIS DE LA FARE-ALAIS, *d'Alais.*

Lou dariè Som de la viergo. (*Élégie.*) 55

A. MATTHIEU, *de Châteauneuf-Calcernier.*

Lou Riéu. (*Élégie.*) 93
Parpalouné. (*Stances.*) 189
Goutouno. (*Élégie.*) 255

F. MISTRAL, *de Maillane.*

Bon jour en touti. (*Stances.*) 3
Amarun. (*Ode.*) 9
Souto la trio. (*Ode.*) 111
Li tres Counsèu. (*Conte.*) 153
Esperit Requien. (*Élégie.*) 160
La Bello-d'Avous. (*Ballade.*) 211
A la Civado fèro. (*Ode.*) 269
Lou Mistrau. (*Ode.*) 301
Uno Courso de bióu. (*Étude de mœurs.*) 343
Adessias en touti. (*Élégie.*) 393

A. MOQUIN-TANDON, *de Montpellier.*

L'Aiga bouillida. (*Naïveté.*)	327
Lou papier marcat. (*Id.*)	351
Lou Chi guerit. (*Id.*)	371

J.-A. PEYROTTES, *de Clermont-l'Hérault.*

Un Cant sus una toumba. (*Élégie.*)	181
Lou Celibatari. (*Romance.*)	221
La Filla del pople. (*Id.*)	265

CAMILLE REYBAUD, *de Carpentras.*

Nostro-Damo-de-Santa. (*Élégie.*)	25
A Aubery. (*Épître.*)	37
Mel Velado. (*Sonnet.*)	47
Epitro à Moussu Requien.	65
Balado.	99
A Moussu Carle. (*Sonnet.*)	151
A J. Roumanille. (*Stances.*)	177
A J. Roumanille. (*Id.*)	259
Lou Roussignóu e la Machoto. (*Fable.*)	283
Lou Bal. (*Ballade.*)	303
Adiéu à ma Muso coumtadino. (*Stances.*)	385

— xlv —

RICARD BÉRARD, de *Pélissane*.

Leis douas Vouas. (*Stances.*)   317

J. ROUMANILLE, de *St-Remy*.

Rampelage. (*Sonnet.*)	1
Paurlo e Carita. (*Élégie.*)	17
Lou bon Rescontre. (*Noël.*)	29
Una Margarideto. (*Sonnet.*)	63
L'Avaras. (*Fable.*)	97
Dideto. (*Stances.*)	129
Lou Moûnié, soun drole e l'ase. (*Fable.*)	147
La Roso e la Margarideto. (*Id.*)	165
Se nen fasiam un Avouca. (*Conte.*)	207
Requien. (*Élégie.*)	223
A Bigand. (*Monorime.*)	263
Ma Vesino. (*Stances.*)	275
L'Aiglo e lou Quinsoun. (*Sonnet.*)	321
Li dous Serafin. (*Noël.*)	357
Li Crècho. (*Élégie.*)	389
Rèi e Pastouro. (*Fable.*)	399

LI PROUVENÇALO

RAMPELAGE.

A MA MUSO.

SONNET.

Ia pa proun tèm que feniantéges ?
Siegues pu vanclouso ansin,
Muso ! — An ! vole que musiquéges,
E que revles li vesin.

Que se di ? que galavardéges,
Que sabes pu ges de refrin !...
Fau tournamai que founfougnéges,
'Me toun fifre e toun tambourin.

Fòugnes pu, fagues pu la soto....
E quand ti sore, ma mignoto,
Augiran d'alin ti cansoun,

Vendran jouga'me tu, pouleto,
E reçauprés, cascareleto,
Pluèio de flour,.... e de poutoun.

J. ROUMANILLE.

Avignon, décembre 1850.

BONJOUR EN TOUTI.

Voulès que vous digue perqué
Aven acampa de bouqué
    Dessu nosti mountagno ;
Toutis ensèm perqué venen,
Li troubadour Avignounen,
San-Roumieren e Selounen,
    Di villo e di campagno ?

Perqué venen au gran soulèu,
'Me tout ce qu'aven de plus bèu,
    Faire la farandoulo,
Coumé li bastidan galoi
Que, per lou jour de Sant Aloi,
Sauton coumé de tron-de-goi,
    A l'oumbro di piboulo ?

1.

— Au mes de mai, s'aven culi
Li boutoun-d'or li plus pouli ;
    S'aven, davan l'autouno,
Culi de flour de roumaniéu,
De courbadono lon di riéu,
Emé de clavéu-dau-bon-Diéu,
    Es per una courouno.

Atrouverian dedin li jas,
Cuberto d'un marri pedas,
    La lengo prouvençalo :
En anèn paisce lou troupèu,
La eau avié bruni sa pèu ;
La pauro avié que si long pèu
    Per tapa sis espalo.

E de juvenome, vaqui,
En varaian aperaqui,
    De la vèire tan bello
Se senteguèron esmougu...
Que siegon doun li bèn vengu,
Car l'an vestido à soun degu,
    Coumo una dameisello !

Reyban d'abor, lou coumtaden,
L'ia fa 'na raubo, lou saben,

D'uno estofo requisto :
Se póu rèn vèire de plus bèu !
E Bellot, qu'es noste gran prèu,
Lon de la mar l'ia fa 'n castèu
　　Qu'esbriaudo la visto.

E Crousillat, lou troubadour,
De longo l'ic vèn à l'entour
　　Canta coum'uno ourgueno :
Ansin cantavon, autre-tèm,
Li troubadour toujou countèn,
E li belli damo, en partèn,
　　L'ic dounavon l'estreno.

Mai Roumanille es lou mignó :
L'ia fa 'n bouqué (fau vèire acó !)
　　'Me de *margarideto*,
Bouqué tan fres qu'en lou vesèn
La pastouro dessu soun sèn
L'a lèu agu mes en disèn :
　　Oh ! que soun poulideto !

E vuéi, toutis ensèm venen,
E dau Levan, e dau Pounen,
　　Tout lou vòu di troubaire,
Venen la couronna de flour,

2.

De flour de touti li coulour,
Per que la flo di pastour
En touti posque plaire.

F. MISTRAL.

a janvier, 1851.

LOU ROURE ET LA CANETTO.

SONNET.

Un bèu roure, amount sus la couello,
Espandis seis brancagis verds ;
Ges d'aragan lou descounsouelo,
Parèi bravar tout l'univers.

Avau, prochi'n aigo que couelo,
Su'n ribas trevat deis luzerts,
Un paure canèu que tremouelo,
Floutegeo, crentous, dins leis ers....

Vèn lou mistrau ! — Sus la mountagno,
L'aubre tènt cop. L'auro s'encagno....
Cra ! lou gaiant au sóu... en frun !...

Et la canetto mistoulino,
Que sous lou ventarau se clino,
Se truffo de soun revoulun.

A. D. CROUSILLAT.

Salon (Bouches-du-Rhône.)

AMARUN.

Ome gras e pouli, fas glori de toun mourre,
De ti membre mouflé qu'una gourrino mor....
Sounjo, quand vendreiés autan viéi que li mourre,
Sounjo, fau que ta bouco à la longo s'amourre
      Din lou go de la Mor.

Vo, 'me la negro Mor, un fourniguié de verme,
Din terro, emé la fam agarira ta pèu !
Sounjo ! fau que toun iu din la néblo se ferme ;
E de car à ti membre, e tan gras, e tan ferme,
      N'ien restara pa'n pèu !

Vène, vène emé ièu dedin lou çamentèri :
Messorgo e verita soun aqui touti dos ;
Vène vèire li croux emé si batistèri ;
Vène, e tu qu'as pa pòu, me diras lou mistèri
      D'aqueli mouloun d'os.

Me diras, — pau-de-sen que veses'me la cagno
Debana ta vidasso, abesti coum'un porc,
Se la vido es un fléu que fini'me l'escagno,
O s'es un bastimen que, quand l'auro s'encagno,
  Tournamai vèn au por.

Me diras que sies mai, aro que la vinasso
A gresa ti boutèu coum'un vièi boulidou,
Aro que toun cadabre, emé li gourrinasso
S'es tan apourcati qu'esbausa, se tarnasso
  Au negre trapadou !

Me diras que sies mai, aro qu'as fa ta graisso
Emé lou sang dis autre truge engavacha !
Aro qu'as fa de mau enca mai qu'una raisso
E de grelo e de tron, e que vas à la baisso,
  De remor escracha !...

Vo, de mau, n'as mai fa que bèsti verinouso :
As vis ploura de fam lou paure à toun lindau ;
As croumpa 'me d'argèn sa fio palinouso,
E, couloumbo macado à toun arpo saunouso,
  N'èi morto à l'espitau !

Aro, espincho lis os que vesti l'espargoulo,
E li tèsto de mor badanto à faire pòu !
Auses l'avoas di mor que din terro gingoulo,

Doulènto coum'un riéu esmarra que séscoulo
    Din soun pichó rigóu ?

N'as proun ?... Aro emé lóu espincho lis estello
Pariero i fenestroun d'un oustau plen de fió,
E lou ciel despluga coum'una grando telo,
E digo-me s'amoun la res que s'empestello
    E qu'espincho en tout lió...

Se la res, viéuto-te dessu ta bresso molo,
E din la quitevié pourquejo, satisfa !
Mai aperilamoun se ia quaucun, tremolo
Coumé fai lou coutèu quand ferni su la molo,
    Car sau tout ce qu'as fa !

F. MISTRAL.

Maillane, février 1850.

LA BONO NOUVELLO.

NOUVÈ.

Sur l'er : *Venè lèu vèire.....*

LOU PASTRE.

Jannetoun,
Que fètes la sedo,
Jannetoun,
Laisso toun blestoun.
Lou troupèu semblo qu'un fouletoun ;
Lou diable empouèrto agnèu et fedo.
Zòu ! zòu ! zòu ! boutem-li de cledo,
Zòu ! zòu ! piquem dau bastoun.

Dins la nuèch,
Que lumièro vivo,
Dins la nuèch,
Brilho coumo un fuèc !
Rèn do tau s'es jamai vis en-luèc...
Que bèsti vouelo dins lou nivo... ?
Oi ! oi ! oi ! que tron nous arrivo ?
Oi ! oi ! creso que siam cuèch !

LA PASTRESSO.

Gros fayóu,
Li a pas rèn d'estrangi,
Gros fayóu,
Per aver tant póu.
L'angeloun es poulit coum'un sóu,
Et de Diéu canto leis louangi.
Tou ! tou ! tou ! a troumpetat l'angi,
Tou ! tou ! escoutem-l'en póu.

L'ANGI.

Que bèu jour
De rejouïssènço !
Que bèu jour
De graci et d'amour !
Pastres, vhui es nat vouèsto Signour !

Celebrem touteis sa naissènço.
Sus ! sus ! sus ! fasèts diligènço ;
Sus ! sus ! siguets plens d'ardour.

Dins un jas
Troubarets, pecaire !
Dins un jas,
Lou Rèy de la pax,
Sus lou fen, dins un marrit pedas,
Vo sus la faudo de sa maire...
Lèu ! lèu ! lèu ! partèts de tout caire ;
Lèu ! lèu ! estirats lou pas.

LOU PASTRE.

Per ana
Vèire la pieucello ,
Per ana
Vers l'enfant qu'es nat ,
Hisso dounc ! faut tout abandouna,
D'abord qu'un angi nous appello...
Ho ! ho ! ho ! la bono nouvello ,
Ho ! ho ! que nous a dounat !

A. B. CROUSILLAT.

Salon.

PAURIO E CARITA. *

A NOUSSU MARTIN, GRAND VICARI DE MOUNSIGNOUR
L'ARCHEVESQUE D'AVIGNOUN, E DIRECTOUR DE
LA SOUCIETA DE LA FE.

I

Daumassi que tenés à me faire l'ounour
  De parla davan Mounsignour,

* Cette pièce a été lue et accueillie avec les plus vifs applaudissements, dans l'intéressante séance de la *Société de la Foi*, tenue le dimanche, 8 décembre 1850, présidée par Mgr l'Archevêque d'Avignon, et honorée de la présence de M. le Préfet de Vaucluse, de M. le Général commandant la subdivision militaire, de M. le Recteur de l'Académie, etc. etc.
      (*Note de l'Éditeur.*)

Fraire, te parlarai.... per la santo paurio...
La pauryo ! aquèu mot fai veni lou desgous
En d'aqueli qu'an pa la carita... mai vous,
    Vous, mi-z-ami, que vosto aurio
S'es barrado, jamai, i cris di mauerous ;
    Vous qu'avè 'n cor tan pietadous,
Una man qu'es toujou pourgido à la misèro,
Que di longui doulour sabè lou long rousèro,
    Em'atencioun m'anas ausi :
Parla de la paurio es vous faire plesi !

II

Es necite, segur, que n'en parlem, mi fraire !
L'iver, 'me si counglas, si plohvino e sa nèu,
    De la paurio es lou bourrèu !
Siam au gros de l'iver... Que plagne aqueli maire
    Que, quand si pauri-z-enfantoun
Ie demandon de pan, podon bala, pechaire !
    Que de lagremo e de poutoun !
E vous, vièi escranca que sias à-n-un mouloun,
    Que tremoula coumé la sagno,
Quand i bor de l'estang lou ventarau s'encagno,
Dessu vosti man niaiso avè bèu à boufa !...
    Din l'oustau ia pa'na buscalo !
    S'encaro avia, per vous caufa,

Lou cagnar, au soulèu, delon d'una muraio,
    Que vous ie tirassaia lèu !....
— Toumbo de pouverin, ia pa'n rai de soulèu !...
E vous, malau doulèn aclapa su la paio,
    Que n'avè qu'à bada-mouri,
Din vosti frejoulun coumè devè soufri !
    S'encaro la Mor èro lèsto
    A lèu veni vous amaga !...
    Mai, noun sias un proun bèu sega :
Quand vous vèi, di : Deman ! o pièi, viro la tèsto !

III

Ai ! ai ! Signour, moun Diéu ! tout acò fai pieta !..
Per bonur qu'avè mes contro aqueli-z-espino
Una flour que mort pas, una roso divino
    Que ie dison la Carita !

    Ici, coum'es reviscoulado,
    Aquela flour dau Paradi !
Grac'i benedicioun d'una man venerado,
    Ici s'aubouro e s'espandi ;
La villo d'Avignoun n en es touto embaumado ;
Soun baume escarablo e gari li malau,
E quand a reviéuda tan d'amo magagnado,
Mounto, coumé l'incèn, apèrilamoundau !....

IV

— O santo Carita, qu'as de tan grandi-z-alo,
Mounté tan e pièi mai se vènon assousta,
Rèsto ici per lou paure : ajudo-ie pourta
    La croux que maco si-z-espalo.

Destousco li richas ; prene-lèi adèrèn,
E prègo, prègo-lèi de douna quauçourèn
    Per li maucrous que patisson ;
Digo-ie qu'ilamoun s'acampon un tresor,
Bel ange ! digo-ie, per boulega soun cor,
    Coumé li paure reboulisson !

Plèi, santo Carita, serafin amistous,
Qu'as un tan pouli rire e de co d'iu tan doux,
Entrèvo-te, ma bèlo, e vanego à touto ouro,
Vai-t-en seca li plour pertout mounté se plouro.
Aquel enfan èl nus e bramo de la fam ?
Porto-ie de raubeto, aduse-ie de pan ;
Ila, su'n serpias ia'na chato malauto :
La fèbre la passi li roso de si gauto ;
Sa maire d'escoundoun fai que se desoula :
Anem ! assolo l'uno, e l'autro, garis-la.
Un vièi, alin, tremolo, agrouva dins un caire :

Souto toun alo caudo escaufo-lou, pecaire !....
Vai pertout mounté ia de mourimen de cor ;
Baio à l'amo soun pan, baio soun pan au corp...

O santo Carita, dreube ti grandi-z-alo,
Espandisse-tèi bèn su 'questo Soucieta,
Car touti, fin que d'un, voulem se t'assousta,
Voulem trouba de pauro, e t'ajuda pourta
   Li croux que macon si-z-espalo !

J. ROUMANILLE.

8 décembre 1850.

LAGREMO.

SONNET.

Ère bèn jouine encaro : aviéu pa'nca tres an.
Ma maire, din soun lic, per lou mau aclapado,
Gemissié quenounsai ; per elo pregaviam,
Car l'ouro de sa mor èro adeja sounado !

Me prenguè din si bras ; me diguè : « Moun enfan,
Lou sènte bèn... à viéure al pu qu'una passado...
Amo bèn lou bon Diéu. Siegues brave, moun sang !...
Amoun, tendrai per tu'na courouno aliscado... »

Diguè-adiéu 'mo sa man, pechairel... e mouriguè...
Veguère su soun fron se pausa 'na couloumbo :
Su l'alo de l'aucèu soun amo partiguè.

— Touti li soir, despiei, quand prègue su la toumbo
Mounté ma maire dort, ia'na voix que me di :
« Vène, vène, moun bèu ! t'espère en Paradi... »

A. GAUTIER.

Tarascon (Bouches-du-Rhône.)

NOSTRO-DAMO-DE-SANTA.

> Donna, dels angels Regina,
> Esperansa dels crezens....
> Donna, medzes e medzina,
> Lecloaris et enguens....
> *(Vièl Troubadour.)*

Vènon d'adurre la malauto
A Nostro-Damo-de-Santa ;
Seis leu blu soun toutei maen,
La doulour a nebla sei gauto ;
Uno messo hi van canta....
      Ah ! ah !
      Prega !

A l'oûtar de la Santo Vlergo,
Entrô dous vaso de vioûlié,
Din lou pu poulì candelié

Sa bono maire a bouta'n cierge :
Lou clerjoun lou vèn d'atuva.....
    Ah ! ah !
    Prega.

Sa gran, sa meirino e soun paire,
Soun baile, e sa bailo peréu,
Santei gèn qu'amo lou bon Diéu,
A ginoun prègon dins un caire ;
Soun gounfle, e res aujo ploura....
    Ah ! ah !
    Prega !

Contro un pihié, darrié la foulo,
Lou vièi paure qu'amavo tan,
E qu'abihiè de nòu antan,
En disèn soun *Pater* gingoulo :
Hi fan signe de se teisa....
    Ah ! ah !
    Prega !

Sa pauro chino meigrinèlo,
Que, pechaire ! a plu gi de flan,
Couchado su lei bar, se plan ;
Mourira.... fougno ci buscatèlo !
Dison qu'anieu fagué qu'urla....
    Ah ! ah !
    Prega !

Vaqui'n juinome que sei gauto
Soun pu neblado que la mor;
Ili pren de mourimen de cor;
Vè, coum'espincho la malauto !
Chu ! que lou paure ei soun fiança !...
    Ah ! ah !
    Prega !

A la clarta dei guerindolo,
Vese uno troupo d'angeloun
Qu'an d'alo blanco e de péu blou'n;
Rison d'un èr que vous counsolo....
Nostro-Damo leis a manda,...
    Ah ! ah!
    Prega !

La malauto s'eis amagado;
Sou lou voilo, soun fron tan bèu
Blanquejo coum'un flo de nèu :
Sei douas parpèlo soun plugado.
La paureto sai que gença....
    Ah ! ah !
    Prega !

Espincha-la : de sa man palo
Soun pouli capelé'l toumba ;
Bessai soumelo.... A leissa'na

Sa tèsto dessu soun espalo.
Lou cierge se vèn d'amoussa....
  Ah! ah!
  Prega!

Oûboura-vous, la messo ei dicho :
Deja lou pu devó s'en vai....
La malauto branlo pa mai
Que Nostro-Damo din sa nicho !
Acabo un *Avé* coumença....
  Ah! ah!
  Prega!

Avé, drubè vestei parpèlo....
Leis ange soun bèn esmougu !
Per la malauto èron vengu !
E s'envolon de la capèlo.
Uno amo oû ciel vèn de mounta....
  Ah! ah!
  Prega!

CAMILLE REYBAUD.

Carpentras (Vaucluse.)

LOU BON RESCONTRE.

NOUVÉ.

A E. REQUIEN.

I

— Mount'èi qu'anas ansin, pastouro?
D'ounté vèn que sias per camin
    Tan bon matin?
Dequé vanega d'aquesto ouro?

— Gai pastoureu, venem ensèm
De la jaço de Bethelèm.

— Fau avé lou gous barrulaire
Per ana courre à Bethelèm
     'M'un tan lai tèm !...
E que ie sias anado faire ?

— Mai, coumo ! n'avè pa'ntendu
Li-z-ange que soun descendu ?

— Voulè galeja, pastourèlo !
Paureto, parla de traver
     E de l'euver :
Avè segur vira cervèlo !

— Sabè que sias, vous autri dous ?
Un bèu couble de dourmious !

— Quand rounflalan, la niu passado,
A Bethelèm de qu'avè vi
     De tan poull,
Que sias touti reviscoulado ?

— Ah ! se sabia coum'acò's bèu,
l'anaia'u courèn, pastourèu !

—Diga ce qu'èi, pastoureleto,
Se voulè qu'anem d'aquès pas
        Dins aquèu jas ;
Diga ce qu'èi, tourtoureleto.

— Lou Signour-Diéu s'es incarna :
A-niu dins aquèu jas es na.

— Oi !.., dins un jas?... n'es pa de crèire...
Ia d'aré, de fedo, d'agnéu...
        Mai lou bon Diéu
Es amoundau : res lou póu vèire.

— Quand dins la grupio lou virés
Tout trelusèn, l'adourarés.

— Se nous disè de talounado,
Se tout acò n'es pa veral,
        Ai ! ai ! ai ! ai !
Coumé vous farem la bramado !

—Dequé risqua, pastre ? ann'sèm
A la faço de Betheléin.

II

— E li dous pastourèu l'anèron :
D'à-ginoun bisèron li man
      Dau Diéu-enfan ;
E pièi, en s'entournan cantèron :

— Glori à Diéu ilamoundau !
A nous autri pax çavau !

J. ROUMANILLE.

23 décembre 1850.

LOU MARTEGAU ET LOU SINGE DOU SIGNOUR.

CONTE.

Un Martegau manchot, qu'aviet per noum Sauvaire,
Sur soun pichot roussin veniet de Roquevaire,
Pouartèn d'aquel endrech à soun jouine signour
Un bèu panier de rins, doù terradou la flour,
Qu'aviet bèn emballa dins un vièil troues de linge.

Abriga de fatiguo, arribo dins la cour
De moussu lou marquis... Aqui li trobo un singe.
Subran, en lou vesèn, nouestre paisan manchot
Si crès que doù signour lou singe es lou pichot.
De la moucaco alor lou darnagas s'avanço;
La casqueto à la man, li fa la reveranço;
Li demando en français : « Lou papa vous qu'est-li?

Allez-moi lo sarcer, vous sarez bien zentil;
Dites-lui que c'est moi. » La rusado mounino
Lou regardo, si gratto, et puis, li fa la mino :
Auries dich, cadenoun ! que si trufavo d'èu !
Lou Martegau, candi, si cuèrbe lou cervèu
De sa vièillo casqueto ; après si dis : « Pecaire !
   Es bessai mu, lou pauro agnèu ! »
   Et puis, nouestre coumpaire
  Viro de bord, prend coungier d'èu,
Li laisso lou panier per remettre à soun paire.

A peno à la moucaco a vira lou darnier,
Que l'animau groumand destapo lou panier;
Aganto leis bèls rins, s'en bourro lou gavagi,
   Et dins un guigna-d'uèil
V'a tout escudela, tout fach passar per uèil !
Sauvaire emé lou goun s'entouarno à soun minagi,
   Mounté l'esperavo Nanoun,
Que quand lou vis de luench parte coum un canoun
Per l'anar demandar s'avièt fach un bouen viagi,
S'avièt vis lou signour... Li respouende que noun,
  Qu'aviet trouba que soun pichoun.

Adounc, tres jours après, que fasiet pas fresquièro,
   Rescontrèt lou signour
   Que proumenavo em'un Rectour
Per ensuquar lou tèms, où quartier de Jounquièro;

Si clino emé respect davan moussu l'abbè,
Et puis, dis oû marquis : — Comment l'avez troubè,
Lou panier de ringins qu'à votre fils laissèri ?...

—Moun enfant! mai que dies? pantayes, grós arlèri!
Ta fremo va sau bèn que siéu pas marrida :
　　　D'enfants, n'ai ges... Sies bèn fada!!

—L'ai vis dedins la cour, quasi davant la pouarto.

　　—M'en diras tant qu'aro li siéu :
　　As près segur lou singe per moun fiéu...
　　　　Aquelo es puis tróu fouarto!!

— N'èro pas vouestre enfant ? — Noun, marchand d'avarié
　　　Va-t-en triar de bourtoulaiguo.

—Eh bèn! que vous dirai? n'es pas per trufarié :
Es tout vous escupi! cadun si tromparié :
Vous ressembla, Moussu, coumé doues gouttos d'aiguo!

　　　　　　　　　　P. BELLOT.

Marseille, 7 janvier 1851.

A AUBERY (D'OURENJO).

I

Lei carrièro soun jalado ;
Toumbo de nèu : quiei flò !
Dei chalo su lei calado
Entènde plu leis esclò..
Veici la sesoun marrido ;
Ei cham plu d'èrbo flourido ;
Oû bois plu de roussignòu ;
Su ma caudo chaminèio
Ai arrengea mei *limnèlo* *,
Que soun tristo e fan plu d'iòu.

* *Lymnea*, genre de coquilles fluviatiles.

L'auro meno : que m'importo ?
Iéu me boufe pa lei dé :
Quand ai bèn sarra ma porto,
Din ma chambro siéu caudé.
Aro me sènte reviéure ;
Aro, ami, te pode escriéure :
Siéu poéto que l'iver,
E pré d'un fió que petegeo,
Su ma taulo que brantegeo,
T'escrive de pichó ver.

O ! me dise, d'aquesto ouro,
Moun bèu a-t-ice que fou ?
Qu sóu vounte, qu sóu qu'ouro
Legira lei ver que fou ?
Ver seis ami belèu quisto
Couquilho, pètro requisto,
Per me n'en faire uh presèn ;
E belèu, savèn pescaire,
Me ramasso dins un caire
Quauquei *planorbo* * lu èn.

O voulajour, as bèu courre
Dels otel el grand saloun,
E del plano su lei mourre,

* *Planorbis*, genre de coquilles fluviatiles.

E dei mountagno ei valoun ;
Toun adrèsso ei su ma listo
Dei famous naturalisto,
E tout lou mièijour la sóu :
La posto pertout galopo,
E mei ver, sous envelopo,
T'arrivaran per cinq sóu.

Per cinq sóu, pauro despènso !
Soûrras anfin, o moun bèu !
Ce que fai e ce que pènso
Ribau, toun ami nouvèu.
Aro, ami, fóu pa grand'causo :
Cerque plu de cacalauso,
Songe a tu, pièi fóu de ver ;
Pièi su ma caudo terrasso,
Prouvençau de bono raço,
Buve moun soulèu d'iver.

II

E d'aqui, contro la muraiho
Qu'a moun penslouna ser d'enclau,
Vese veni de seis oustau,
A mièijour, quand lou soulèu raiho,
De vièi que marchon a tastoun,
Bèn plan, la man sus un bastoun :

Sei pauro tèsto blanquinèlo,
Pechaire ! fan que branteja ;
An de figuro mourtinèlo,
Tout lou matin reston couija.
Mai dre que vèn l'ouro benido,
Quand dardaiho l'astre de vido,
Lei luser sorton de sei trau,
E lei bon vièi, de seis oustau ;
E se sènton erous de viéure ;
Su de pèiro soun asseta,
E rèston aqui sèn muta,
Óu souleias que vènon béure.

Mè, d'enfantoun plen de respò
Uno troupo, davan sei pè,
Tavanejo, sauto, babiho ;
Se vièutoulo ou joguo ei goubiho :
Uno goubiho, mai d'un cò,
Sous un vièi barrulo e s'arrèsto ;
Lou vièi, per pa troubla lou jo,
Drubo sei cambo, e lou pichò
Sous aquéu pon passo la tèsto.

D'aqui, moun ome, vese oùssi
De jouino maire sans-souci,
De pouli marmousé que plourón,
E que su sei petoun s'oùbouron

Ver lou teté gounfle de la
Que sei bouquo fan pendoula.

D'enterim mounte a ma muraiho,
Oû risquo de goûsi mei braiho,
E 'spinche, dre qu'ai escala ;
E lei maire, e sei pichós ange
Tan pouli que de l'icu lei mange,
E lels enfan, jouïous demoun,
E lei marri vléi que, pechaire !
La tèsto basso e lei pè joun,
Dihia qu'espèron din soun caire
La Mor, dous ange ei dous poutoun !...

CAMILLE REYBAUD.

Nyons (Drôme), *décembre* 1850.

LOU GRIÉ E LOU PARPAIOUN,

FABLO IMITADO DE FLORIAN.

Amata souto l'erbo, au béu mitan d'un pra,
  Un grié relucavo
  Un parpaioun daura
  Que'n voulastrejan calignavo
  Li flour que venien d'espeli;
Éro un parpaïouné coumo se n'en véi gaire
  De tan pouli !
Fasié gau de lou vèire ana, piéi reveni,
  Fouligau calignaire,
Se pausa s'una flour, e piéi.... la lissa'qui,
  E piéi bousca, dins lou terraire,
  S'escoundudo dins un cantoun,
N'en veirié pa quauqu'autro esbigna si poutoun.

— « Ah ! fasié lou grié, que de longo espinchavo,
E que la jalousié crebavo,
Que soun sor e lou miéu pamen soun diferèn !
Eu es galan à faire envejo :
Dardaio de pertout, de pertout beluguejo !
A tout per plaire, tout ! e iéu de qu'ai ? ai rèn !
Despièi li pè jusqu'à la tèsto,
Siéu sourne coum' un nivo un jour que fai tèmpèsto:
Siéu lai coumé peca : jamai res me fai fèsto...
Que lou tron ta vidasso !.. Auié pa mies vougu
Que sieguèsso jamai nascu !... »

Avié pa'nca' fini de barja, lou renaire !
Qu'un gro vòu d'escoulan, troupelado de gu,
(L'escolo se devié pa faire)
Arribo, e zóu ! galopo aprè lou parpaioun.
Nosta llasso de poulissoun
Emé si moucadou, si capéu, si casqueto,
Que le mandon de tout cousta,
L'agarisson... Ai ! ai !... o pan !.. l'un aganta !
Un le coupo la tèsto, un autre li-z-aleto ;
Un autre... Ah ! n'en foulé pa tan
Per amoussa li flò d'aquéu pouli diaman !...

— « Tóut tóut fai lou grié qu'a tout vis sèn rèn dire,
Es pa d'or tout ce que lusi
Vo brusi !...

Desdise ce qu'ai di, que lou disiéu per rire !...
Tan vóu èstre grié sourne, lai, maigrinèu,
Que galan parpaioun, e de creba tan lèu ! »

A. GAUTII..

Tarascon (B.D.R.), janvier 1851.

MEI VEIADO.

SONNET.

Oû caire de moun flô, lou soir, quand l'auro meno,
Sèn muta'n res, m'assète e me boute a sounja;
Ma douço Muso alor me vèn poutouneja;
E moun amo ellamoun s'en vai e se proumeno.

Din lei ratoun d'argèn que lou bòn Diéu sameno,
Moun alo de poèto amo a voulastreja....
Mai d'enterim qu'oû ciel me vese blanqueja,
Empuro amé lou pè moun gavèu que s'abeno.

Moun Alfred, pichô diable, oû mouvamen que fòu,
Quito sei decoupuro e se jiète a moun còu;
Valantino a mei pèu se pendoulo e s'amuso,

Pièi, prenon toutei dous ma cambo per chivau,
E de mei nivo blu redescènde eiçavau :
Adiéu, alor, adié ; o mei songe, o ma Muso !

CAMILLE REYBAUD.

Nyons (Drôme), 12 juin 1841.

SOULAMI.

A L'AUTOUR DI MARGARIDETO.

« Pichó, plóures pa, que ta máire
Sóufro mai que tu de la fam,
E dau jour n'a manjá, pecháire !
  Brigo de pan. »

« Plóures pa, qu'a bèn proun à faire
De si máu de touti li jour,
Sènso l'y apoundre encá, pecháire !
  Ti cris, ti plour. »

« Espèro, que tardará gáire
De s'esclargi ia négro nuè

En qu pousquè trouvá, pecháire !
Abrí ni fuè. »

« Demán cercará de tout cáire,
Dre que lou jour sará vengú,
D'oüvrági per élo, pecháire !
De pan per tu. »

« Mai plóures pa, qu'as plu de páire
Per l'ajudá din soun travái,
E belèu plugaló, pecháire !
Sóuto lou fai ! »

— Tóuto la nuè, la páuro máire
Parlèt ansín à soun enfàn...
Mai au jour, souléto, pecháire !
Busquè soun pan !

H. D'ANSELME.

Avignon, janvier 1820.

ADIÉU.

—

Adiéu, N***, moun ami !
Sinceramen moun couer te plouro ;
Un pau lèu te siès endourmit...
Mais, nous devances que d'uno houro !

A vingt ans, que sort malherous !
A vingt ans, printemps de la vido,
Vèire sa jouinesso espandido
Lèu se passir coum'uno flous !...

Ah ! qu te l'auriét dich, pecaire !
Quand de santat trelusissies,
Que tant lèu sariès mounté siès !
Certo, te li esperaves gaire !

Es que la Mouert espaulo rés,
Et piquo sènso dire garo ;
La cresèm luènch, bèn luènch encaro,
Au moument que n'en siam susprés.

Oh ! pièi ! qu'es aquesto vidasso,
Per que tant se li acouquinem ?
Un songi, vo quauquarèm men,
Uno oumbro laugiero que passo !

Adiéu, N***, moun ami !
Sinceramen moun couer te plouro ;
Un pau lèu te siès endourmit...
Mais, nous devances que d'uno houro !

Ai passat davant toun houstau,
Esmóugut, gounfle de tristesso,
En pensant coumo la jouinesso
Nous sousto pas dau cop mourtau.

Lou dóu èro dins la carrièro...
Helas ! moun Diéu ! que crèbo-couer !
Dous lume, uno caisso de mouert
M'appareissièn dins la sournièro !

Et leis cris pietous qu'entendiéu
De mai en mai m'estoumagavon...

Pièi, dau tèmps que leis clas sounavon,
Per toujours t'avèm dich adiéu.

E ta sor, qu'èro risouletto,
Aro la vaquit dins leis plours !...
Mais Diéu placara seis doulours ;
Diéu la laissara pas souletto.

Adiéu, N***, moun ami !
Sincèramen moun couer te plouro ;
Un pau lèu te siès endourmit...
Mais, nous devences que d'uno houro !

A. D. CROUSILLAT.

Salon.

LOU DARIÈ SOM DE LA VIERJO.

A treje an, embrassè la mor !
Regarda-la din sa lèchoto :
Que dort bièn, la pauro pichoto,
Bressado d'un pantai tout d'or !
Coumo uno blanco margarido,
Hier à peno s'espandissiè,
Et soun pené se gandissiò
A peno au pourtau de la vido.
Mais pièi, quan veguè dedailai
Lou patimen que l'esperavo,
Lou trigos qu'amour li gardavo,
Et tout aquel mounde tan lai
Que se caupiso, que se buto,
Per ramassa din lou carau,

Uno dardèno, un escu fau,
Ou lou jouguè que se disputo,
Sa tèsto faguè viro-tour,
Et din lou vala que fai bolo
Entré las joios de l'escolo
Et lou pessamens de l'amour,
Runlè brisado, estavanido.

Garido de la pòu qu'aviè,
Neto et blanco coumo un neviè,
Que dort bièn la pauro manido !
Regardas coumo trelusis
Souto aquel bendèu de coutèlo,
Et coumo soun fron blan s'estèlo
D'un bèu reba dau paradis !

Aquelo bouqueto enfounçado
Que sèmblo rire d'un cantou,
Vierjo de tout autre poutou
Que la paternèlo brassado,
S'ouvriguè pas que per prega,
Diguè pas : « T'aime ! » qu'à sa mèro,
Pièi au bon Dieu din sa prièro;
Et quan à soun iel despluga,
Aginouiado à la grand'taulo
De sa premièiro coumunioun,
Lou bon anjou, soun coumpagnoun,

Dau ciel sounlevè la cadaulo,
En vèire aquel amoun tan bèu,
Calada d'or, crouta d'estèlos
Que li fan milo farfantèlos,
L'embas li dounè lou sounlèu.
Plèi, se viran de ver sa maire,
Li diguè : « Laisso-m'en ana :
Aro qu'à iéu Diou s'es douna,
Aici n'ai pas pu res à faire. »
Et barrè sous iels emblouis,
Coumo la tourtouro avéusado
Que languis iuèn de sa nisado,
Et que mouor dau mau dau peis !

LE MARQUIS DE LA FARE-ALAIS.

Alais (Gard), 1844.

A MOUN FILLOU DUCO (A COUDOUS.)

EPITRO.

Ulisso, moun ami, de couar ti remerciéu
Deis souhaits qu'au Signour fas aujourd'hui periéu.
Desires, moun fillou, que la laido Camuso
Vèngue pas de longtèms siéuclar ma pauro Muso;
Fas de vus per que Diéu alongue meis vièis jours :
En estiran ma vido augmentes meis doulours.
Quand lou tèms de soun dailh marquo sur voue stre espalo
Soixanto-huech printèms; que battès que d'uno alo;
Que per estoupinar, goudiflar leis inguènts,
Vous manquo leis tres quarts, vo bèn touteis leis dènts;
Quand dins un grand galat sias invita, pecaire !
Que souto vouestre nas vias passar de tout caire
Becasso, perdigau, canard, lebrau, dindoun;
Que cade counvida si retiro redoun,

En fèn de zig-et-zag, dansan la carmagnolo,
Lou vièl souarte d'aqui, lou vèntre à l'espagnolo !!

Per èu, vautmies alors, eici coumo à Coudous,
Que vague voulajar au pays deis darbous :
Sias gueri de tout mau, quand sur vouestro carcasso,
Li crèisso la mauguetto et courre la limaço...
Pamen, n'aimariéu pas, au plus gros deis hivers,
Intrar dins lou clóusoun: vaut mies faire de vers !...

Mai laissen de cousta leis amaros pensados :
Dins un camin plus doux voueli faire meis piados,
Chanjar, per dire mies, moun sot resounament :
Adoup, brave pitouè, ti fau moun coumpliment
Sur leis progrès que fas dins la lettro menudo.
Se li vas d'aquèu trin, jamai de sa man rudo
Lou savènt magister sur tu basselara ;
A toun viésti souvènt la croux pendouelara...
Enreguo lou draióu de toun vertuous pairo,
Se voues èstre cheri coumo èu dins lou terraire;
Imites pas surtout toun pairin vergougnous,
Car seriés, moun enfant, lambin et vanelous.

T'aviéu proumés d'anar dins toun pouli villagi,
Toumbar coum'uno boumbo et rouigar toun froumagi :
Mai ce qu'es retarda, moun bèu, n'es pas perdu...
A moun couel adeja ti voudreiéu pendu !

O ! d'anar t'embrassar moun couar d'envejo brulo...
Vai, ti fau lou serment qu'avant la caniculo,
Aquèu jour de bouenhur tant et mai desira,
Per toun paure pairin segur espelira...
Aro, per acabar,... sur la mar de la vido,
Desiri que longtèms vanegue toun batèu,
Que rescontre jamai, dins sa courso rapido,
Rafalo, brafounié, nimai lou mendre estèu ;
Que sa vèlo toujours, moun bouen, sièle gounflado
Per lou vènt amistous de la prousperita ;
Et quand auras fini ta longo traversado,
Per prix de teis vertus, toun amo siêt poussado
Au port deis bènhurous, per uno eternita !

P. BELLOT.

Marseille, 18 janvier 1851.

UNA MARGARIDETO.

SONNET

A E. REQUIEN, SU SOUN RETOUR EN AVIGNOUN.

> Quau doun te reviscoulara,
> Pauro Muso apensamentido?
> Malauto, quau te garira?
>   J. R. (Inédit.)

Requien, ma Muso cendrousclo
S'acantounavo dins l'oustau,
Fougnavo, e rèn lo fasié gau,
E ravassejavo, souleto.

Ero malautouno, paureto!...
Bèn! aro, n'a pu ges de mau:

A mès soun pu galan faudau,
E sa pu poulido raubeto.

Mignoto, de mount'acó vèn
Que t'alisques ansin tan bèn,
Que sies tan escarablado ?

« — Requien d'ilalin es parti
Per Avignoun : fau s'alesti
Per que me fague una brassado. »

J ROUMANILLE.

1 Mars 1850.

EPITRO

A MOUSSU REQUIEN.

I

Voudriéu bèn vous canta, mè ma Muso, pecaire!
Amistous angeloun, me fougno din soun caire;
Car desempièi dous an, l'ai pa sounado un cò,
E pamen, lou sabè, Requien, l'ame bèucò.
Mè chaque age a soun gous, e lou miéu, d'aquesto ouro,
Ei pa de canta 'n er ei pè d'uno pastouro,
Ni de faire coula lou dous mèu de ma voix
Su lei blanquo silûdo, amiguo dei gran bois :
Aro Diéu m'a baiha l'amour dei cacalauso,
Que, din de palai foun, s'escoundon sou de lauso,
E sou la mousso umido, o din lei pèje ascla,
Car cregnon lou souléu que lei pòu besuscla.
Ame peréu, Requien, lei mourgueto raiado
Que se chalon, l'estiéu, a sei caudo raiado,
E que, din leis armas, su de jaune cardoun,

Arrèngeon amé biai seis oustalé redoun ;
Avè bèu amé sieun lei culi su la planto,
Din vostei dé toujou quauquo espigno se planto.
Ame encaro, o moun mèstre ! e n'en fasè gran cas,
Aquelei que toujou soun coulado ei roucas,
E qu'entèndon souna lei matino avan l'aubo (1),
E canta de Brunó lei mouine a blanquo raubo ;
Ame lei *cyclostomo* (2) e lei maigre *pupa* (3),
E sei frère nanó que vesem presque pa (4) ;
Ame sei fièro sœur, lei longuo *clausillo* (5),
E leis *ambreto* (6) d'or facho coumé d'oûblio ;
Ame (mè leis aviéu oûblida 'n coumencèn,
E meriton pamen un pichó gran d'encèn),
Lei *bulimo* elegan (7), lei paure *testacèlo* (8),

(1) Coquilles de la Grande-Chartreuse, près de Grenoble.

(2) De *cyclostoma*, genre de mollusques, ou coquilles terrestres.

(3) De *pupa*, en français *maillot*, genre de coquilles terrestres.

(4) *Vertigo*, id.

(5) De *clausilia*, genre de mollusques, ou coquilles terrestres.

(6) De *ambrette*, en français : *succinea*, en latin : coquille amphibie.

(7) De *bulimus*, genre de coquilles terrestres.

(8) De *testacella*, genre voisin de la limace.

Que porton su lou cuiéu sa manço crubecèlo;
Ame anfin..... Vè, Requien, poèto sournaru,
Ame tout aquéu pople eimable e banaru;
E se tournavia mai visita ma chambreto,
Avan qu'aguessia mé vosto fièro barreto,
Sou de tèlo d'aran, per caire e per cantoun,
Su de tepo, vehia sei pu bèus enfantoun.

Desempièi quauquei jour, coumo la fré nous gagno,
E que lei sorte plu, lou soir, quan toumbo cigagno,
Soun triste, marchon plus, e pode plu 'spincha
Sei pichó mourre fin que soun jamai councha.

Siéu erous de n'agué, din mei boucau de veire,
Un troupèu tan pouli que vous fan gau de veire,
E que pesquère antan din de large vala
Vounte naturalisto a jamai davala,
E din de nai bèn foun, e din de sourço frejo,
D'ounte sourtiéu, la cambo endoulourido e rejo,
Mè pu countèn d'agué mei bèsti din moun gó,
Que lou cercaire d'or d'empourta soun lingó.

Mei *planorbo* (1) loūgiò, qu'an de fiéu per baneto,
Qu'uno rodo, un souléu hi ser de cabaneto (2),

(1) De *planorbis*, genre de coquilles d'eau douce.
(2) *Rodo, souléu*, petite pièce d'artifice.

Mei *fiso* (1) loungarudo oû pè mince e'stendu,
Que sa couquiho a l'er d'un pichot iòu fendu,
Mei *limnèio* (2), animau que per bano an d'oûreiho
Coumo un pichó carlin que s'esfraio e choûreiho,
Doû bouné phrigièn meis *ancilo* (3) couifa,
Qu'aqui dessou, pechaire! an l'er de s'estoufa,
Fan la plancho un moumen su soun aiguo clareto,
Respirou un póu d'er, pièi fan douas estireto,
E pièi davalon mai oû foun de sei boucau;
Pièi, se ma chambro ei negro eis ouro que fai cau,
E se, din la sournuro, un raioun que brantaiho
Deis atomo loñgié me mostro la bataiho,
Per cerca lou raioun que din sa nieu lusi,
De sei nui de cristau sorton amé plesi.

Elas! un enfantoun que din soun brès varaiho,
Quan lou vice lou pren, se quiho a la muraiho,
Pousso dei pè, dei man, resquiho, e toumbo oû sóu,
Mè hi mor pa, que plouro e crido tan que póu :
Sa maire que l'entèn, sa maire qu'ei pressado,
A vite leissa 'qui soun obro coumençado,
Counsolo l'enfantoun oû teté pendoula,
E lou recouljo anfin, roso e gounfle de la.

(1) De *physa*, genre de coquilles d'eau douce.
(2) De *lymnea*, id.
(3) De *ancylus*, id.

Mai, elas! mei *molusquo* an gi de voix doulènto;
Ai jamai entendu sei souspir e sei plènto;
E quan, sourti de l'aiguo, oû sóu van frissouna,
Oû sóu quan van mouri, me podon pa souna!
E souvèn, paure hiéu! quan din soun aiguo douço
Aduse de creissoun, de lachuguo e de mousso,
N'atrove quauqueis-un que soun mor toutesca,
Tan lou mavoun que béu leis a vite seca!

Mei *paludino* (1) oû men de precoutioun soun pleno.
Quan sei bano sèns ieu, que sèmblon douas aleno,
An senti noste er viéu, — coume n'an pa besoun,
Van camina pu bas din sa claro presoun.

Veici mei *neretino!* (2) Aquelei d'aqui moron
Ileun doû courèn fresqué vounte sei sœur demoron (3),
E retire toujou de soun pichó pesquié,
Seis oustalé pinta coum'un vièi echiquié.

(1) De *paludina*, genre de coquilles d'eau douce.
(2) De *neritina*, id.
(3) Leis *ancylo* e lei *neretino* vivon su lei pèiro, dins uno aiguo claro e courènto; ai pa'ncaro pousqu leis abari din mei pichó pesquié de veire.

(*Note de l'Auteur.*)

Veici meis *anodonto* (1) e meis *unio* (2) noumbrouso :
Saluda lèu, Requien, saluda, soun poùrouso.....
Mai un pichó fiéu d'er fai rire l'aiguo ; elas !
Vesem plu camina que mei pauro *ciclas* (3) :
An sourti soun pè blan, rodon per troupelado ;
Dihia dins un pla foun de lentiho grelado ;
Dihia..... Mè, pauro hiéu ! sabe plu ce que fòu :
Que vous vóu cantá'qui ? lei couquiho ! siéu fòu !!
A ! desempièi lou jour que moun amo blessado
Rejoun coum'un tresor seis amaro pensado,
E que legisse plu per libro e per journau
Que ce que din moun cœur a 'scri l'oùtour d'en-au,
E que din mei roucas, où mitan de mei pastre,
Ennuia de la terro, espinche ver leis astre,
Per veire din lou ciel mounta lou jour beni
Que lou pople demando e que vóu pa veni ;
Despièi que moun regar vei, pertou vounte toumbo,
Uno santo vertu couijado din la toumbo,
Un fron jala de pòu que pressèn l'oùragan,
Un paure vanitous que se fai arrougan,
Un richas egoïsto, e que vous mando juire
Lei paure mespresa qu'apèlo de manjaire,
E qu'oùjisse, en coulèn moun oùreiho où roucas,

(1) De *anodonta*, grande coquille d'eau douce.
(2) De *unio*, id., *mulette*, en français.
(3) De *cyclas*, id., *cyclade*, en français

Sou la terro esmougudo un triste, un lon fracas,
Vengu d'aperavau de sei caverno founço,
E que res oûjourd'icui póu dire ce qu'anounço,
Deis ome d'aqués tèm me siéu lèu destaca,
Ei noum lei pu famous cregne de me taca,
E meme (aquó d'aqui vous fara pa gran'causo),
Oû lió de vous canta, cante lei cacalauso.

E perqué? Vous que sias un sant ome de Diéu,
Vous que me soûvahia, vesè, se me perdiéu,
Vous qu'ame, que respèto, e que vosto amo antiquo
Plano su lou fum cau de nosto poulitiquo,
E ri, su noste infer plen de negre demoun,
Dous ange d'eiçavau, eis ange d'eilamoun;
Vous qu'avès a la man, per touto counchaduro,
Lou jus toumba d'un frui que lou souléu maduro,
Ou la poûssièro d'or dei flour que mastreja,
Per enrichi 'n erbié qu'ei tan riche adreja;
Vous que, din noste bru, gran-prètro de la siènço,
Oûjiguehia jamai que vosto counsiènço,
Que mespresa la gloiro, e din voste cervèu,
Mounde mistèrious vounte tout ei nouvèu,
Garda tan de mervèiho amé sieun estremado,
Que sufiîhièn per faire a vosto renoumado
Un piédestar soulide, e que chez Ayme anfin
De vosto noblo vido espera que la fin
O Requien! se póu-ti, veguem, que m'espouvanto

De voste noum tan bèu que benisse e que vante?
Noun, noun ! e vole dire e crida 'i quatre vèn
Ce que dison de vous mei *molusquo* savèn,
Car sabè qu'oûjourd'ieui, de hieun, lei cacalauso
Telegrapho estounan escrivon forço causo (1):

II

— « Quan Diéu, dei nivo clar vounte s'escoundiè plu,
Vegué nosto planeto, oû fin soun doû ciel blu,
Vira coumo vouliè, verdo, soulido e bèlo,
De seis ange sounè la santo ribambèlo;
E, coum'un rei mourtau su soun trone asseta
Choûsi doû miéu que pou sei ministre d'eta,
Noumè d'ange gardièn per aguè sieun doû mounde.
Car éu que l'aviè fa n'aguè lèu soun abounde !
Un gardè lei mountagno : — aquèu jour, de respè,
Lei sentigué lontèm frissouna sou sei pè ;
Un autre aguè lei bois : — e pin, roure, clò d'erbo,
Tout fremiguè d'amour din lei forès superbo ;
Un autre aguè lei plano, e lei fleuvo, e lei riéu :
L'ange lei saludè de soun regar curiéu,
E'ntendeguè tres cò ver seis oûrelho erouso,
Mounta de lon souspir e de vois amourouso;

(1) *Lei cacalauso simpatique :* vèire lou fuilletoun doû journau *La Presse*.

Vous, venguchias garda la fièro e grando mar;
E quan, lei péu bagna de soun parfum amar,
Poûsehia voste pè su sa peitrino blanquo,
La soûvageo en bramèn vous mountè jusqu'a l'anquo.
Riguehias per calma soun afrouso fouhiè,
E se revessè mai per dourmi din soun hiè.

Alor vouiagehia din la mar longo e sourno
Vounte; quan disparei, lou souléu s'encafourno;
Din vosto largeo man prenguehias en passèn
Sei moustre, sei peissoun, sei *molusquo* innoucèn.
Pièi, din lou *Pont-Axin*, mar caudo e neigrinèlo,
Per un estré canau qu'apelem *Dardanèlo*,
Intrehias, o Requien, per counestre peréu
Sei bèsti que vivièn vesino doû souléu.
E pièi, per lou *Phasis*, fleuvo qu'a gi de sourço,
Lou fron rouge e susan, prenguehia vosto courso,
E l'astre, rei doû jour, veguè 'n noble gèan
Camina sèns esfrai din lou fleuvo *Ocèan*,
E sèn beissa 'n moumen sei parpèlo tranquilo,
Passa din lei raioun que jisclon de soun ilo.
Remountehia d'abor doû *cousta de la nieu*,
Lou fin-foun de l'abime èro clar sou voste ieu.
O ! res que vous, Moussu, pourriè nous pinta 'ncaro
Leis animau pouli, lei moustre a laido caro,
Qu'asseta su 'n roucas, su vostei gran ginoun
Poûsehia per lei veire e per li baia 'n noum.

Mountchia 'ncaro, e pièi, prenèn la davalado,
A gaucho, veguchia de mountagno pelado,
E lei *cimmèrièn*, qu'Omèro couneissiè,
E lou fron de l'*Atlas*, que lou soir lusissiè,
E l'*Ilo benerouso*, e la raço nanelo ;
— Car, lou sabès, alor nosto jouino planeto
Èro roundo, èro plato, e l'*Océan* d'abor
Viravo a soun entour e bagnavo soun bor.

Per lou *cousta doù jour* faguchia vosto intrado
Din lou *Nil*, que traverso uno caudo countrado ;
Vounto, quan per aqui vendrè mai barrula,
Veirè de negre lai per lou souléu brula.
Doù *Nil* intrchia mai din la mar : — lei tèmpèsto
Jougaran-ti toujou su ta divino tèsto ?
Espausso aquelo sau que te blanchi la pèu ;
O bèu pastre marin, couneisses toun troupèu !
Vai, vai, estudio anfin la terro e sei mistèri,
Lei grans os entarra dins aquéu çamentèri,
Lei mountagno, lei bois, lei planto, lei metau,
Tou ce que Diéu faguè per soun pople mourtau ;
E quan oûras tou vi, superbo creaturo,
Quan soûras lei secrè de la santo naturo,
Sies un ange, paral ? e bèn ! saras un Diéu !
Faras un moundo alor, s'acó te plai ; adiéu ! »

— De l'aiguo ou de l'infer aquelo vois vengudo,

Restountiguè lontèm din vosto amo esmoñgudo.
Mai a la fin, pamen, d'aquéou drahióu amar
Que fasièn vostei cambo en labourèn la mar,
Sourtiguehia. D'un pè qu'aviè gi de sandalo,
Piquehia lou roucas per miéu drubi vosto alo,
E vous enlevehia; pièi, dins un vira-d'ieu,
Où pahis de la fré, de l'auro e de la nieu,
Arrivehia, doù tèm que sei plano esfraiado
Vesièn courre pertou de coulobre raiado,
De luser qu'avien d'alo e de gran bè d'oûssèu,
D'elefan loungaru gro coumo de veissèu,
Moustre qu'eziston plu, moustre d'oûrriblo taiho,
Que veguehia mouri din d'afrouso bataiho.

D'aqui, ver lei mountagno, o mèstre, escalchia;
Davan sei roucas dur jamai noun calchia:
Arma doù pèje lour d'un sapin ou d'un roure,
Labourehia sei costo, esclapehia sei mourre;
E pièi, per un gran pous garda per de grifoun,
Passehia sou la terro e din sei drahióu foun,
Per trouva din la nieu lei ruino escoundudo
Dei raço deja morto e per toujou perdudo,
Per veire lei terrèn, per touca lei metau;
E pièi, estudiehia lei riche vegetau.

Lei vegetau!... moun Diéu! que la terro ero bèlo
Avan que lou Segnour l'atrouvèsse rebèlo!

4.

Lei cresto dei mountagno èron de jardin ver;
Ploñvié que de parfum su lou jouine univer;
La terro èro de flour uno santo courbelho,
E l'omo de parfum vivié coume l'abeiho.
Mò, desempièi Adam tou se fasiè men bèu,
Tou, memo lou souléu, noste antique flambèu !
Quan Diéu finalamen que la terro oñblidavo,
Diéu, qu'amè d'ieu d'amour toujou la regardavo,
Din lou ciel esbranla s'oñbourè ; d'uno vois
Qu'esfraiè lei mountagno, e lei fleuvo, e lei bois,
— « Reveiho, vous cridè, noste Océan soûvage!
Per tou nega 'ila'vau, deforo sei rivage
Que saute ! » — Elias pa 'qui vounte alor vou fouhiè,
E l'Océan restavo endourmi din soun hiè.
La coulèro oñ bon Diéu gounflavo la peitrino ;
Sa man rougeo d'uhiau fouitè l'aiguo marino ;
E la mar, aqués cò, reveihado en sursau,
Levè sei milo fron blan d'escumo e de sau ;
Sou lou foui que per pouncho aviè de lon tounerro,
S'encourriguè 'n bramèn de sei bor su la terro :
Su lei plus auto cimo aguè lèu escala.
Aqui lou foui de Diéu la faguè requiala.
D'enterim, o Requien, un paure patriarcho,
Qu'espinchavo lou ciel per un trau de soun archo,
Vous veguè remounta, leis ieu bagna de plour,
Ver aquéu que negavo e leis ome e lei flour.

III

O Requien! din lei jour de soun dur esclavage,
Lou Jusstóu quauquo fo sus un triste rivage
S'assetavo, e 'scoundu sou lei sambu flouri,
Soulajavo en plourèn soun cœur endoulouri;

A sa Jerusalèm tan douço e tan poulido,
A sei bèu serre ver de palmiè courouna
Sounjavo: un cizila, vesè, jamai oûblido
    Lou pahis beni vounte ei na.

    E din lou pahis doû tounerro
    Pupla de vièrge e d'angeloun,
    Vous souvenia de nosto terro,
    De sei plano e de sei valoun;
    E vous souvenia de sei mourre,
    Pupla de sapin e de roure,
    De sei gran fleuvo e de sa mar:
    E noste mounde bèu encaro
    Fasiè coula su vosto caro,
    De plour bèn triste e bèn amar.

    E, paure vous! quan leis archange
    Voulavon din de fló d'encèn,

E per dire a Diéu sei louango,
Souspiravon touteis ensèm,
Venias où bor doù sant roulaume,
E cercavias un divin baume
Per voste cœur plen de doulour,
E d'amound'au ver la nieu sourno
Vounte la terro toujou tourno,
Mandavia de poutoun d'amour.

Finalamen, Diéu que vous amo,
O moun mèstre! en risèn faguè
De l'ange bèu uno bèlo amo
Que su la terro s'en venguè :
Nosto planeto enfrejoulido
Vous pareguè pa tan poulido
Qu'aprè sa caudo creatioun,
Quan leis ome, gèan roubuste,
Vivièn sèn lei, crous e juste,
Oùtan que vivon lei natioun.

IV

Meme avan lou deluge chïa naturalisto ;
Deis ètro d'aquéu tèm pourria faire la listo,
Car couneissias alor tou ce que Diéu a fa,
E de vosto memoiro, o ! rèm s'eis escafa.

Lei fossilo tan mei que s'en van en escaiho,
Lei bèsti que soun plu que de gran mouloun d'os,
Leis urno, lei calèu, lei mounedo, anticaiho
Qu'atrovon quauquo fe sou lei mayoun d'un cros;

  Lei terrèn de touto naturo,
Lei minerau, leis aubre, e lei planto, e lei flour,
E lei vièi bar clafi de savènto escrituro,
E lei bèu pargamin ei superbo coulour,
  Couneissè tou, moun noble mèstre.
Me fahlèu proun savèn coume vous, se poudièu;
S'assajave? en que ser! . Per tou saupre, fòu èstre,
  Requien, lou diable, ou lou bon Diéu!

CAMILLE REYBAUD.

Nyons (Drôme), 30 Décembre 1850.

LI MAU PARTAJADO.

EPITRO

A J. ROUMANILLE.

> Li flo poulido
> Li fau marida;
> Li vièlo passido
> Li fau gita'ila.
> (*Vièlo cansoun.*)

Ta Muso a reveia la miéuno,
Acantounado dins lou jas :
— « Anem, ma bèlo, fai di tiéuno :
Vici veni lou carnavas...
Tu sies un pau poulinchinèlo :
Faras rire li gargamèu...
Vai pourgi quauquo bachiquèlo
A toun pòèto cascavèu. »

E subran, la miéuno à ma porto
Es vengado sarraieja :
— « *Li Prouvençalo* soun per orto...
Dormes ? Anem, fau baneja. »

E iéu qu'ai augi ma Museto,
Per la reçaupre ai courrigu :
— « Sies bèn tardiero, ma pouleto,
l'ai di d'un er tout esmougu.
Ère malau de te pu vèire !
Me reviscoules, siéu countèn...
Vène emé iéu trinqua lou vèire,
Lou pichó vèire d'aigardèn. »

Per paga ma bono maniero,
Vóu me chabi dins men d'un an ;
Li fieto à ma catouniero,
A l'entèndre, s'estranglaran.

Siéu candi d'aquelo proumesso !
Coumó vau rire, lou matin,
Se passon per ana'la messo,
En fasèn brusi si patin !

Virai veni li pu moudèsto
Qu'à pichó pas caminaran,
Que ver iéu viraran la tèsto,
Pièi 'me si-z-ieu me parlaran.

Mai, coumo emmanda la gibouso
Qu'a boutèu prin e pè fourchu,
Se vènié faire l'amourouso?
(N'ai pa gaire l'esprit pounchu...)
Ie dirai, sèn rèn nen rabatre :
— « Iéu ame pa li-z-agassin;
A mi-z-artèu n'ai dejà quatre :
Se t'espousave n'auriéu cinq! »

S'au nas me mounto la moustardo,
Dins quatre mot te vau seca
Li pè-de-bourdo, li panardo,
Sènso que poscon rebeca!
Farai entèndre à la premiero
Qu'ai tres manobro à moun chantié,
Que per p'ana courre i sausiero,
La prendran per pasto-mourtié!

L'autro que, su sa cambo gaucho,
Se brandusso emé tan de biai,
M'augira dire que, quand chaucho,
Sa deguèino me fai esfrai.
Siéu douié que noun se póu dire,
E jamai me viran fiança,
Se dève soufri lou martyre,
Em'uno goio à trinassa!

— Mai te vaqui, bèlo camuso !
Toun nas a pa fa tout soun crèi...
Oh ! que ta visito m'amuso !
Gènto rèino, te fau un rèi !...
S'ère l'enemi di luneto,
Vouriéu uni moun sor au tiéu ;
Auriéu pa pòu, ma poulideto,
Que non boutèsses davan iéu !
Mai n'èi p'ansin... tout lou countrari,
Car iéu vole que ma mouié,
Ague meme aqueli-z-ensarri,
Quand dourmira dedins soun ié !

— Mount'èi que vai nosta passido,
Lou fron plissa coumo un peru,
La pèu jaunastro e rascassido,
L'er tout ragagnous e bourru ?
Per m'espousa, laido coudeno,
Per veni gouverna l'oustau,
As p'anca'fa proun de nouveno,
E iéu, proun de peca mourtau !

— Qu brù qu'augisse ! qu sequèlo !
Guècho e tuclo barjon ensèm ;
Rabloto e longo maigrinèlo
Parlon deja d'èstre jacèn !
N'ia douge qu'an d'ieu de machoto ;

Vui di nousado an lou balan..,
Venè, venè, grando e pichoto :
Anas ausi voste galan :

—Tuelo, guècho, borgno, grelado,
E touti vautre, escouta-me :
Se davan iéu sias rambaiado,
Anas bèn lèu saupre perquè.
Ma Muso, qu'es un pau badino,
Ma carga de vous dire, iéu,
Que farés coumé li mounino,
Que restarés.... su voste quiéu !....

GLAUP.

1 *février* 1831.

AL CURÈ POÈTO.

(M. BORRET.)

Ey flous d'or, ramel d'or qu'on trobo pas sus aures ;
Mais flous d'or, ramel d'or, courounos de laurè
Nou balon pas per jou simple bouquet des paures,
Et surtout benezit pel poèto-curè !...
Car bous, moussu Curè, sès poèto, et zou sabi ;
Prechas din nostro lengo. Un jour bous escoutabi,
   Èro Pasquos aquel mati ;
Pintrabes l'aubo en fèt que begnó de luzi
Sur un toumbel sacrat; lous ayres que brounzisson,
La terro que trambolo et lous rocs que s'esquisson ;
   Et lou clot que s'es alandat,
   Lous gardos que s'estabanisson ;
Et l'*home* que n'en sort, lou froun illuminat...

Acò 's Diou que ressucitabo,
Et qu'al Paradis s'entournabo !
Lous anges à milès l'enbirounon dejà,
Et la terro et lou ciel cridon : *Alleluia* !

Anèy, acòs n'es plus dins la sento tribuno
Que bostro Muzo canto: es din un bos flourit ;
Pastouros et pastous de touto la coumuno
Me baillon de bouquets ; et bous, toutjour amit,
Lous luntas en parlan et de graço et d'esprit...
Sès poèto, Curè ! La lengo de la prado
Toumbo de bostres pots fresco, muziquejado,
Et la fazès souna din bostres bers, aciou,
Coumo à *Magnificat* la lengo del boun Diou !

JASMIN.

Agen, 1851.

LOU VIN CUIEU.

I

Aqués soir per la veiado,
La famio es reveiado,
Daumassi fan lou vin cuieu ;
Lou fió jito si belugo,
L'enfan, que la som pessugo,
Badaio e se freto l'ieu.

La gran a pres sa fialouso :
Es segur pa' vanelouso
'Quela pauro rèiro-gran !
La maire es afeciounado :
Courduro, à l'aise assetado ;
Zino trio lou safran.

Li-z-ome atuvon si pipo ;
En rouveian, lou ca lipo
Una sieto per lou sóu ;
Chascun, dins la chaminèio
Jito soun brou de bourèio ;
Fan roun davan lou piróu.

II

LOU PAIRE :

— « Noste Moussu, qu'èi pa'n couano,
Encavo si damo-jano...
Tout acó rènd pa pu gras ! —
Siegue vièi o de l'anado,
Lou flasqué de la journado
Es tan lèu viège que ras !... »

LOU BAFI :

— « D'aigo de la poùscraco
Dins un tinèu, su la raco,
Fai de trempo per tout l'an.
La trempo, à l'acoustumado,
D'en-premié se bèu sermado,
Se nen chourlo que pu plan... »

LOU DROLE :

— « Lou matin, à la collèto,
Carguem nosta miejo-guèto,
Emé dous det de vin cuieu ;
Alor, cregnem pu l'igagno,
L'auro que boufo e s'encagno,
E li nèblo de la nieu... »

LOU PAIRE:

— « Ia 'n an, tramblère li fèbre :
N'ai garda 'na pòu de lèbre !
S'ai cau, buve : èi moun soulas...
Mal per aquèu que s'empego,
Jamai tiro dre sa rego
'M'un araire à tres coulas. »

LOU DROLE :

— « Dins lou piròu que cantejo,
Lou vin cuieu deja perlejo :
Zino, refresco li go...
Nous coucharem que toutaro...
Viéjo, fai-nen chima 'nearo... »

LOU CACO-NIS :

— « Ma maire, qu'èi bon, acó!... »

TH. AUBANEL.

Avignon, octobre 1850,

LOU RIÉU.

A MA SORE LELETO

Vici ce que disiéu à ma soro Leleto,
   Un bèu jour de printèm :

  — « Dins si ribo, uno aigo clareto
      Coulo risouleto
    Su lou gravié lusèn.

  Au mitan di tepo flourido,
  Mounté chasco flour espandido
  Dins lou riéu se vèn miraia,
Sore Leleto, vène! Es pouli, su l'erbeto,
   De vèire la viéuleto
  Au bèu soulèu s'esparpaia,

E d'entèndre piéuta dedins la bouissounado
Lou rigau que, de tout cousta,
Voulastrejo e fai que sauta
De branco en branco, en cercan la becado.

O ma sore, vene emé iéu
Anarem plan-planeto
Souto la pibouleto
Entèndre cascaia l'aigo claro dau riéu.
Piéi me diras, bono Leleto,
Ta gènto e gaio cansouneto,
Que vèn passa su mi doulour,
Coumé lou ventoulé, lou matin, su li flour. »

—Mount'es, mount'es lou tèm que me la veniés dire,
Qu'à moun cousta me veniés rire,
E canta, coum'un auceloun,
E piéi, dessu lou fron me faire de poutoun,
Qu'èron mai dous encaro
Que dessu ta guitaro
Lis er de ti cansoun ?

Ai ! ai ! ai ! es passa coumo la fueio morto
Qu'à la baisso, ilalin, l'aigo dau riéu emporto.
Ansin la man de Diéu,
Au pu bèu de la vido,

T'empourtè liun de iéu,
Tout-bèu-jus espandido!

A JOUSE.

Mai tu, jouine e bèu troubadour,
Que nous escampes tan de flour
De ta poulido canestello,
Ti *margarido* flouriran
Autan-loniòm que lusiran
Apèramoundau lis estello!

ANSELME MATTHIEU

Châteauneuf-Calc. (Vaucluse.) février 1851.

L'AVARAS.

A MOUSSU LACHAMBAUDIE.

Un avare avalè sa lengo, mouriguè ;
Coumé bèn lou pensa, lou regretèron gaire !...
Per noun paga la barco, ilabas que faguè ?
    Oh ! ia qu'un chin per acò faire !
D'escoundoun, en nadan, traversè l'Acheroun,
    A la barbo dau vièl Caroun !

Mal quaucun lou veguè que nadavo à la morto...
Quand Plutoun sachè-içò, faguè lou fió di pè,
    E tout l'infer sieguè per orto.
— « Quau es lou margoulin qu'a pa mai de respè
Per nosti lèi,—diguè Plutoun?—Queto insoulènci !
    Que l'adugon à l'audiènci...

Juge, juja coumo se dèu :
Fau un nouvèu suplice à-n-un crime nouvèu ! »

E li Furio l'agantèron ;
Em'uno de si ser i'estaquèron li man,
I juge en renan l'aduguèron ;
E quand noste avaras se ie veguè davan,
Su soun su, de l'esfrai, si pèu blan se drissèron !
A reviéure lou coundanèron,
A vèire coumo, aprè sa mort,
Si-z-eretié galoi degaiavon soun or !

J. ROUMANILLE.

22 *janvier* 1851.

BALADO.

Aqueste soir, sus un nuage,
Ma bono maire, m'a sembla
Que vesiéu lou charman visage
D'un pouli garçoun de moun age,
Que la tristesso aviè nebla :
Èro un ange que me sounavo,
E ver éu moun cœur s'en-anavo.

O ! plourè pa ! 'spincharai plu
Lei nuage din lou ciel blu !

Aqueste soir, dedin la plano
Lou vèn boufavo, e de moun còu
A 'mpourta moun fichu de lano,

A desnousa ma catalano ;
Ma raubo a fa lou tarreiróu.
Amé 'n vóu de feuiho espoûtido,
Vè, me cresiéu d'èstre partido.

O ! plourè pa , qu'anarai plu ,
Quan fai de vèn, sou lou ciel blu !

Aqueste soir, sou lei piboulo ,
Ai entendu souna de clar.
O ! la campano que gingoulo
Nous di que la vido s'escoulo ;
Hi soungem proun , mè per asar.
Aquéu bru que fai mau a l'amo,
Me fai de bèn , e moun cœur l'amo.

O ! plourè pa , qu'entendrai plu
Souna lei clar sou lou ciel blu !

Aqueste soir , ravassejave :
Lou clar de luno èro tan bèu !
Pauro malauto , en que sounjave ?
Blas, bon Diéu ! que me couijave,
Bèn crouso , din moun toumbèu.
Ère morto , e vous esperave ;
Mè venia pa , maire , e plourave.

O ! plourè pa, qu'anarai plu
Ravasseja sou lou ciel blu !

O ! tenè, siam de malerouso !
Vous ame tro per vous troumpa :
Vóu mouri, mè siéu pa poûrouso ;
Dison que la Mor es afrouso...
O maire ! lou cresiguè pa ;
Noun, noun, la Mor es pa marrido :
Amé lou bon Diéu nous marido.

O plourè pa ! soufrirai plu ;
M'espandirai sou lou ciel blu !

CAMILLE REYBAUD.

Nyons (Drôme), 28 mars 1851.

LA MARGARIDETTO.

(Reviral de l'anglés.)

—

A MOUN AMI J. ROUMANILLE.

Sabe uno flour, uno flouretto
Que se vestis d'or et d'argènt,
Puro de longo et risouletto,
Emé la pluègeo, emé lou vènt.
Leis bellos dau champ leis pus fièros
Règnon qu'un tèmps, et tour à tour;
Brilhon et moueron passagièros,
Souvènt dins l'espaci d'un jour.

Mai la flouretto bèn lunado
Ello peris ni tard ni lèu ;

Es la perletto de l'annado,
Es la mignotto dau soulèu;
De Floro alisco la courouno,
Naisso sus leis pas de l'Estiéu,
Esgayegeo la palo Autoumno,
Ris à l'Hiver pensamentiéu.

Lou roumaniéu, sus la mountagno,
Trachis eis cops de l'Anguieloun;
L'hyèli profumo la campagno,
Et la viéuletto lou valloun;
Mais nouesta flous revertiguetto,
D'amount, d'avau, trèvo pertout;
Se juègo eis bords de la sourguetto,
Et sus la caforno dau loup.

Dins leis jardins augeo, poumpouso,
'Me l'uilhet se requinquilhar;
Per hounourar leis mouerts, piouso,
Eis çamentèris vèn brilhar.
Sus soun sen vounvouno l'abilho;
L'agnolet croquo soun boutoun;
Parpailhounet s'escarabilho,
En li prenènt mais d'un poutoun.

De Floro pagesso fidèlo,
Courouso en tout tèmps, en tout luèc,

'Me 'no graci sèmpre nouvello,
Desplego l'or pur de soun uèc.
Sus leis coutaus et dins leis planos,
Flouris à baudre aquest bijou ;
La roso règno de semanos,
La margaridetto, toujou !

A. B. CROUSILLAT.

Salon (B.-d.-R.), 3 mars 1851.

JOCRISSO.

CONTE.

Lou paure Moussu Balisto,
Lou matin, fasié la listo
De ce que farié lou jour;
A soun varlé la dounavo,
Et Jocrisso executavo
Leis ordres de soun signour.
Se quauqueifes li' arribavo
De pa faire exatamen
Leis ordres dou reglamen,
Em'un bastoun lou zoubavo,
Qu'aguèsse tort vo resoun.

Jocrisso fasié la mino,
Quand sentié su soun esquino

Que toumbavo lou bastoun !
Que mèstre de tanto Pino !
Li fouliò tout avala...

— Un jour qu'èro emé sa flo,
Moussu Balisto resquio
Et toumbo dins un valla ;
S'envisquo tout, si barbouio,
Nèdo coum'uno granouio
Au bèu milan doù fangas...
N'a que la linguo de seco !!...
Rado coum'un darnagas
Que si vis près à la leco !

— « Viguen si s'en tirara, »
Dis Jocrisso que s'estouffo
Doù rire, lou vian que bouffo
Et que póu plus respira !..

— « Jocrisso, ajuedo-mi... foustre !
Anen ! mount'es aquèu boustre ?
Se m'ajuedes pa, bregan,
T'agantarai proun, deman, »
Li crido Moussu Balisto.

— Jocrisso souarte la listo,
La liège jusqu'à la fin,

Et li fa la reveranço,
En dian : « — Aquelo ourdounanço
Es pa 'scricho aqui dedin....
Revendrai..... deman matin ! »

MARIUS BOURRELLY.

Marseille, 28 août 1850.

SOUTO LA TRIO.

A TH. AUBANEL

Souto la chaminèio es brave, en se caufan,
    Quand lou ventarau boufo,
De l'entèndre sibla coumo un vóu de trevan
    Que dau rire s'estoufo.

Alounga s'una ribo, es brave de dourmi,
    Quand, din l'iver, soulio ;
Mai es brave enca' mai de béure emé d'ami,
    A l'oumbro d'una trio.

Hè ! que ia de pu bèu, estèn fran de malur,
    Que d'èstre em'un coumpaire
Qu'ausso lou couide, toco, e bèu soun chiquè pur,
    Tout en parlan d'afaire !

La taulo panardejo, e su nosti capèu
    Li long visc penjourlon :
En touti li cantoun, tre que n'ia-y-un que bèu,
    N'ia dous o tres que chourlon !

Iéu noun sai que tron a nosto vin prouvençau !
    Es laugié coumo un siéure ;
E dau mai n'en bevès, òi coumé l'aigo-sau,
    Dau mai n'en vourrias béure !

Aquèu que noun jouvi de nous vèire chima,
    Fau que, touto sa vido,
N'ague begu que d'aigo, o que lou vin serma
    D'una bouto pourrido !

Aqui se vèn nega din lou vèire amistous
    La lagno renarello,
En cantan lou bon béure, e lou mourre moustous
    De la vendumiarello.

Aqui s'ausi jamai que de pouli prepau,
    Que de douci paraulo :
« A la santa, — bon bèn ! Din cènt an, farian gau,
    Se nous vesian à taulo ! »

Per béure, ami galoi, dequé voulè 'spera ?
    Que l'age vous arrouine ?

Tro lèu 'mc soun daioun la Mor nous segara !
    Riren jamai tan jouine !

Fugissen dau richas la croio e lou respous,
    E de nosti cadiero,
Espinchen, per plesi, lou m ourre maugracious
    Di gèn de la carriero ;

Vè lou jaune avaras que vai, coumo un gourbèu,
    Manda l'arpo su'n paure !
Lou viéi crassous acampo, e lou negre toumbèu
    Din soun trau vai l'enclaure.

Vèici Moussu Jalous que sarro sa mouié,
    Coumo una pèu d'anguielo...
Crèi que nous courbarian per un moucèu parié !
    Lou refresco-barriclo !!

Vejaqui l'embecious ! Tratarié, per mounta,
    Sa maire de gourrino !..
Zau ! zau ! fai-te boudenfle, ò pesou reviéuda !
    Te véiren lèu d'esquino !

Passas, passas, glouious, envejous, auturous,
    La vido es pa proun duro,
Paral ? per ajebi vosto fron souspichous
    De tan de frounciduro !

Mai de nous se lou Sor vóu se faire un jouguó,
    Nosto amo èi pa 'stounado !
Car nautre, o mis ami, calignen lou flasquó
    Dessouto l'autounado.

Pichoto, pren de lume ; à la bouto dau soun
    Courre tira l'espilo ;
Vai leù quèrre de vin, poulido Madeloun,
    E dau vièi, tron de milo !!

F. MISTRAL.

Juillet 1850.

MADELOUN.

Hóu, maire ! sabé bèn, la jouino Madeloun,
'Quelo grando que rèsto eila din 'quéu cantoun :
   Si la vesia, diria qu'es folo ;
Es maigro que fai póu ! aquó l'enterrara....
Coumo uno Madeleno ello fai que ploura ;
   Dit que n'a rèn, et se desolo.

   Bono maire, disè-mo doun
   Dequé tan plouro Madeloun,
  Mè bèn tan que rèn la counsolo !

N'a plus, coumo autrofés, sei bandéu alisca ;
N'a plus gis de coulour; sei-z-ieu blu soun maca ;
   Plouro et sonjo, et s'en vai souletto

Proumena din lei bois dre que parèi lou jour ;
Et pièi, sèn li pensa, sèmblo que parlo ci flour ;
    Estrasso de margaridetto.

    Bono maire, disè-me doun
    Que podon dire à Madeloun
    Aquelei flour tan poulidetto.

Quand rescontro lou chin de moun fraire Coulau,
Lou caresso, lou pren, l'emporto à soun oustau,
    Lou fai mangia, li fai de fèsto....
Lou chin lipo lei plour que toumbon su sa man :
— Et toun mèstre, mount'es ? Sau pa que ploure tan !.
    M'a doun leissado !.. Où men, tu, rèsto !...

    — Bono maire, disè-me doun
    Dequé soufro tan Madeloun...
    Mè, vesè bèn que perd la tèsto !

Et tout en gingoulant, me disié l'autre jour :
— Lisoun, quand mourirai, prègo bièn lou Seignour ;
    A l'amitié siegues fidèlo ;
Te dounarai ma croux amé moun capelé,
Moun bonnet de riban, n'en metras de vioûlé,
    Am'uno listo de Jantèlo.

— Bono maire, disè-me doun
Perqué vóu mouri Madeloun,
Ello que l'atrovon tan bello !

— Me sèmblo que faras, si m'enterron din l'an,
Coumo per uno noço en t'habilian de blan,
Douas courouno blanco-z-et bello :
Uno de jiansemin, benido su l'oûtar;
Uno autro su'n toumbèu poûsado un pau pu tard :
La faras amé d'immourtello...

— Bono maire, disè-me doun
Dequé vóu faire Madeloun
De courouno de flour nouvello.

Me disié : — Moun enfan, vai, laisso esta l'amour :
Es un mau que nous pren toutei-z-à noste tour,
Pauri filleto doû vilagi !..
Juron de nous ama, nous fan de coumplimen...
Piéi, si n'aven gi d'or, adiéu lei saramen !
Van cerca de richi mariagi.

— Bono maire, disè-me doun
Dequé vóu parla Madeloun;
Iéu coumpreno pa soun lengagi.

— A quóuque tèm d'aqui, la campano, un matin,
Se balançan din l'er, anounçavo un festin :
      Uno noço se preparavo ;
Pu tar, dindè pu sour, dindè pu lantamen...
La noço rescountrè lou paure enterramen
      D'uno viergi qu'où cier anavo !..

    Et touto la noço à ginoun
    Vouguè prega per Madeloun...
    Lou fraire de Lisoun plouravo !..

        D. CHALVET *(du Poutias.)*

Nyons (Drôme), 12 février 1851.

LOU RATIER E LOU ROUSSIGNOU.

FABLO.

Ventre afama....

— Dins mei grifo, auceloun, ti tèni !
— Que faras d'un pichoun aucèu ?
N'as toùbèujus per un moucèu...
— Sies bèn menu !... mai mi souvèni
Dau jour ount'un paure loumbrin
A toun bèc pendu disié : Graci !
Respoundères : Fau que t'empassi....
E sabes ! èro fouèsso prin !
Ti laiss'ana scrié doùmagi...
Sies un moucèu tan delica !
Emé boucour ti vau chica....

Ve, siéu à jun !
— Se moun ramagi
Poudié ti pagà ma rançoun,
Ti regalariéu d'un air tèndre ;
Seriés tan galoi de m'entèndre !
— Vau mai ta car que ta cansoun !
A viéure coumé la cigalo,
Roussignòu, noun siéu destina....
T'escoutariéu s'aviéu dina :
Sias gaire musicièn quand avès la fringalo!...

J. AUBERT.

Auriol (B.-d.-R.), mai 1851.

LI MAU PARTAJA.

(Suito di Mau Partajado.)

A MOUN AMI A. B. CROUSILLAT.

I

Qu ramagnóu, Muso jougueto,
T'a di de te trufa de iéu ?
S bléu qu'èrcs un pau mouqueto,
E que fasiés coumé lou riéu
Que ri, cascaio, s'espassejo,
E galoi, se moquo en passan,
Dau parpaioun que foulastrejo,
E de l'amourous que se plan ;
Dau roussignóu que canto e plouro ;
Dau luser que bado au soulèu,

E dau bon biai de la tourtouro,
Quand caligno lou tourtourèu....
Mai, que tan lèu ti galejado
Su iéu venguèsson respousca,
Su iéu, molo de ti pensado,
De longo à ti lèi estaca ;
Su iéu qu'i Muso francloto
Jite jamai qu'à tiro-pèu
Quauqui ver... per li paploto,
Que i'escrive... su moun capèu!
Quand per tu passe mi velado
A lima de ver prouvençau,
Dins de pèço requinquelado,
Qu'an lou zounzouna dau mouissau....
L'auièu pa di, quand me bressaves !...
— Su l'arescle e su lou tambour,
Quau sablò doun que tabasaves ?
Ah ! me nen souvendrai toujour !

II

Me dises doun que la gibouso,
Si long pè, si cambo de fièu,
Ero uno visto bèn graciouso
Qu'anièu degu reluca miéu !...
Aro devino ta pensado,

Vese mounté nen vos veni :
Sies una Muso bèn sensado,
Qui li laidi gèn van beni !....
Fio e garçoun, drubè l'aurcio,
Ma Muso canto : escouta-la ;
I riche coumo à la paurcio,
Vai fai prendre un ban de la l

III

Uno supousicioun : nosta bèlo vesino
    Auié 'na gibo su l'esquino :
Tan mies per soun Jané : n'auié pa lou mourbin,
    E sa fumo, que lou bassèlo,
    Saié d'aqueli crebecèlo
    Que n'atrovon ges de toupin !...
— « Qu fumo ai capita ! quté diable su terro,
    Me disié Jané l'autre jour !
En la rauban, crei-me, raubère la misèro !....
    Ah ! que counseio mau, l'amour !
Per l'agrada, fau ce que podo ;
Mai coumé faire ? rèn l'entrai ;
Pa moièn d'atrouva lou rodo ;
Que que fagués, sias sènso biai :
    — Grand chifarnèu, grand curo-biasso,
Finiantas, mangiras, bralasso,
Soun li mot doux qu'à tout prepau
                   6.

Restountisson dedins l'oustau.
Vouguère, l'autre jour, ie coula sa bugado...
Disiéu : Içó la toucara,
Me badara !
Creiés-ti que, lou soir, aganté 'na pougnado
De cèndre cuicu,
Et qu'à dex pas me bouchè 'n ieu !!
Piéi, per me counsoula, bramavo :
— Vai le bouta d'aigo de mavo,
Que te l'aurai léu mai boucha !
Gusas ! te farai proun marcha !
T'espaussarai li-z-argno... o gourrin, laido caro,
Grand vanelous, mandian !... Se raque lou coudoun
Que moun pitre maduro e qu'es deja redoun...
Se te....
Per non fini, creso que bramo encaro.
L'ai vougudo, l'ai presso ; ai fa lou bedigas !
Ah ! vese qu'aurai pa ploura tout au pedas !
Mai sabes pa perqué s'es boutado en coulèro,
E m'a trata de tout... d'escapa de galèro ?
Es que de sa cousino av' ju fach un pouclèu
En l'escampan de soun lietéu !!...

Poudreléu, de fleu en courduro,
Jusqu'à deman matin parla sèn' decessa,
Que quand auléu fini fourié recoumença...
La fin saié jamai maduro ! »

Aro, diga-me-lou (vous ai proun fa trima!)
Dequ'es pu maugracious, la gibo su l'esquino,
 Vo lou coudoun que ma vesino
 Maduro su soun estouma ?

IV

Senso coumparesoun : ta fumo panardejo,
 Vo bèn sa cambo tirassejo,
Es pè-de-bourdo, es golo... es tout ce que voudras :
Em 'aquelo de Jè, se vòu, le chanjaras ?
— Pardincho ! chanjaléu, se la miéuno èro golo !
Sèn coumta qu'aquèu jour saié 'n grand jour de jolo !
Una tan bèlo fumo ! acò, voui, se tèn dre !
Dins l'ieu quil lardoun ! Ah l-que saiéu lèu pre !
(Una supousicioun) car siam Crestian dins l'amo,
E dins moun cor jamai s'atuvara la flamo
D'un amour qu'amoundau moun Diéu rebutaié ;
Amaiéu mai cènt co quau fin-foun de moun lé
 La maladié me clavelèsse
 E qu'à mi-z-ami me raubèsse !
— E bèn ! levem bugado... ausi quatre resoun...
 Sarai pa long : es pa besoun.
Jè vòu pu sa Zounè, te lou dise sèn rire ;
Siam tres que travaiem à lou faire desdire !
Di qu'a proun rebouli, qu'a proun sermouneja,

Qu'es têm de nen fini, qu'a proun broucanteja ;
Que fau que Zoúné parte... Es una patarasso,
Uno groulo, un chauchoun que n'a ni biai ni biasso !
Gasto tout ce que toco, e deia que l'oustau
Es lou recatadou di bounieto e di trau !
—Dedins vous fai escor : es touto espeiandrado ;
Se sort, rèn es proun bèu ; a li dos man traucado ;
Regounflo de fichu, de raubo, de foûdau,
De couteioun, de couifo : e bèn ! tout le fai gau !
Fau que croumpe toujour, que l'argèn se degaie ;
Quauqui fes, quand n'a pus, à nien baia delaie ;
Siéu pa pus avança ; fai comte de pertout :
E pièi Je fau que pague... E bèn ! Je n'ei sadou !

Intra dins lou pouctéu qu'apelo sa cousino :
Nen virés, per lou sôu, do tésto de sardino,
E de tripo de gabre, e d'escaumo de pèi !
En loungour, en larjour lou mouloun toujour crèi !
De calô de salado e de pèu de castagno,
Per cimbell lou lió, vous nen fai de mountagno !
Disc rèn di peloutro, e de cebo, e d'aiô,
Mountô, mai que d'un co, perdegué si soulè !
De la sartan graissouso à-n-un cro pendoulado,
Du sa soro de la, graselo mau rasclado !
Una pato d'ici, una pato d'ila,
Li mousco qu'acha-cèn s'ennègon dins lou la ;
Per lou sóu soun tignoun, au soûmié li-z-aragno,

La pigno que dau lar s'es facho la coumpagno,
A dre faire, durien acaba lou tablèu :
E bèn ! nen siéu facha, mai es pa lou pu bèu !
Per tan pau, sèntes bèn, noun m'esmove la bilo...
Ie diéu sucamen qu'es pa di pus abilo ;
Mai ce que m'a fa hieui passo tout, moun enfan :
— Li gèn dins la paniero an toujour mes de pan !
E ma fumo nien mes (la fauto n'es pa forto....)
' De matin, per azar, nen ai drubi la porto....
Vesiéu lusi..... regarde, e vese... un instrumen
Que dirai pa soun noum... Vous dirai soucamen
Qu'es pounchu per un bout, qu'es redoun su li faço,
E pamen loungaru... (res lou porto à la casso.)
Ai rèn di : ie manquavo un pichó quaucourèn
Que pourtara jamai lou noum de curo-dèn !
Davale, e plan-planò de tout caire tafure...
(Auléu jamai fini se fastéu jo que dure !)
Mai *Bèulaigo* l'a di, fau saupre s'encadra,
E per segui si lèi, ma Muso vous dira :
Vej'ici l'esticanço : una canestieleto,
Dins la cousino escoun li cuié, li fourcheto :
E bèn ! aqui dedins, dessouto lou mouloun...
Devina que l'avié... l'avié... lou cancloun !!

   Golo, jambardo e pè-de-bourdo
    I-z-ieu de Jè sias de tresor ;
   E tout ome que s'encoucourdo

Em'éu nen toumbara d'acor. (*)

V

As bèu canta, gènto Museto,
Escouto pa ti cansouneto :
Intraran pa dins moun coco.
Te dirai toujour coumo acò :

— Que m'as manda ? Sies inoucènto !
Rèn que d'espino, gen de flour ?...
Lou mariage es una pènto
Que fau descèndre emé l'amour :
Alor es douço, e lou vouiage,
Pòu se faire sènso dangié ;
Mai se l'es pa, garo lou viage !
S'esvalira dins lou bourbié !

CLAUP.

1 avril 1851.

(*) Ici l'autour fai lou pourtrè de la fumo qu'a l'esprit court, pourtrè qu'es lou pendèn de la Camuso. Mai per de bouî resoun, aquéu tablèu figurara pa'ncaro dins Li Prouvençalo.

(Noto de L'autour.)

DIDETO.

A MOUN AMI F. MISTRAL.

> Ero una chato de cinq an
> Qu'ero poulido coumo un angel
> A. M.

I

« Dideto, finiras de trapeja lou bla.
Sies touto en aio ! As proun culi, long di vala,
  Crebidolo e margarideto.
Nen as ti pleni man, ma chato ! nen as proun..
An ! vène, te farai dansa su mi ginoun,
  Que ! vène lèu, vène, Dideto ! »

6*

« Dedins ti-z-iu, m'amour, vole me miraia,
E vole, enfantouné, te faire babia,
    Poutouna ta gauto redouno,
Toun fron blan coumo un ile, e lis, e tan pouli !
Courre lèu, e di flour que vènes de culi,
    Te nen farai una courouno. »

II

L'enfantouné galoi trapegè pu lou bla ;
Culiguè pus i ribo e de long di vala
    Crebidolo e margarideto.
Lèu, lèu su mi ginoun venguè 'n richounejan ;
E faguère, di flour qu'avié dedins si man,
    Una courouno per Dideto....

E vaqui que subran sa maire la sounè :
Lèsto coumo un aucèu Dideto s'ennanè,
    Quand l'aguère poutounejado.
Si pèu, rous coumé l'or, jougavon 'me lou vèn..
— Vène au valloun, desplèi, ravasseja souvèn :
    Desplèi, noun, l'ai pu rescountrado !

III

Vè, Diéu noun a permés qu'aquel ange, içavau,
Counchèsse sa raubeto e si-z-alo : amoundau

Ma Dileto s'es ennanado ;
E li flour que culi se passisson jamai....
Nen courouno Mario, e la Viergo ic fai,
E de babeto, e de brassado.

J. ROUMANILLE.

St-Remy (B.-d.-R.), mai 1840.

EIS ESTELLOS.

SONNET.

Dau pan de chaque jour lou corps apasturat,
Quand va venir la souem me plegar leis parpellos,
Qu'ame bèn leis durbir à l'esclat deis estellos,
Vivos beluguegeant dins lou ciel azurat !

« Astres samenats drud coumo leis flous au prat,
Perlettos de la nuèch, li diso, que sias bellos !
A trenos, per moulouns, à flocs vo per rengulello-!
Mais qu'houro de toucant moun uèc vous belara?...»

Dessus lou barquet d'or de la naissènto luno,
Se poudiéu, laugeiret, me calar, que fourtuno !
Per m'estrayar bèn luènch per amount-d'haut-dedin!

Vougar de mounde en mounde, et trefoulit de joyo,
De bonhur en bonhur, de belloyo en belloyo,
En Diéu me proufoundar, toujour mai, sènso fin !...

A. B. CROUSILLAT.

Salon (B.-d.-R.), 4 mai 1851.

LI SEGAIRE.

A F. MISTRAL.

> Adematin an begu pur.
> J. ROUMANILLE.

I

Plantem nosti clavèu,
Dau ! espaussem la cagno,
E bagnem d'escupagno
La ribo dau martèu.

Al qu'un parèu de braio
Que soun troucado au quièu,
Mai la res coumé ièu
Per enchapla li daio !

La fumo e li-z-enfan
Espèron la becado ;
La daio es embrecado,
'Quc'soir, aurem de pan.

Ai qu'un parèu de braio
Que soun troûcado au quiéu,
Mai ia res coumé iéu
Per enchapla li daio !

En quau fai soun mestié
Jamai lou viéure manco.
Mi-z-ami, dessu l'anco
Cenglem nosti coufié.

Ai qu'un parèu de braio
Que soun troûcado au quiéu,
Mai ia res coumé iéu
Per enchapla li daio !

Cargon si grand capèu,
La chato emé la mèro ;
Li pichó vènon quèro
Li fourco e li rastèu.

Ai qu'un parèu de braio
Que soun troûcado au quiéu,

Mai ia res coumé iéu
Per enchapla li daio !

Lou pu jouine à la man
Tintourlo una fougasso ;
L'aina porto la biasso,
E camino davan.

Ai qu'un parèu de braio
Que soun troficado au quiéu,
Mai ia res coumé iéu
Per enchapla li daio !

— Qu'aduses ? — De pebroun,
De cacha, de cebeto,
Un taloun d'oumeleto :
Em'acó nia bèn proun !

Ai qu'un parèu de braio
Que soun troficado au quiéu,
Mai ia res coumé iéu
Per enchapla li daio !

— Sies brave coumo un sòu !...
Mi-z-ami, bon courage !
Partem per lou segage,
La daio su lou còu.

Ai qu'un parèu de braio
Que soun troûcado au quiéu,
Mai ia res coumé iéu
Per enchapla li daio !

II

Aquc'soir, d'aquèu pra
Nen restara pa gaire,
Parai, bravi segaire ?
Hardi ! e musem pa !

Lou soulèu que dardaio
Fai trelusi li daio.

La daio vai e vèn,
Fai gis de crebecèlo;
Sauton li sautarèlo
Su li marro de fèn.

Lou soulèu que dardaio
Fai trelusi li daio.

En travaian, segur,
S'acampo de fanasso,
Per lampa la vinasso
E cacha lou pan dur !

Lou soulèu que dardaio
Fai trelusi li daio.

— Dessu l'erbo e li flour
Li rastèu rastelavon,
E li grié quilavon
D'esfrai e de doulour !

Lou soulèu que dardaio
Fasié lusi li daio.

Siéu las e siéu gibla !
Tambèn, dins la journado,
Sega cinq iminado,...
E lou tèm d'enchapla !

Lou soulèu que dardaio
Fai pu lusi li daio.

Velaqui tout au sóu !
Vèngue una bono luno !...
Fascm-nen tuba-v-uno
Jusqu'à nosti lindóu.

Lou soulèu que dardaio
Fai pu lusi li daio.

Que li daio au soûmié
Brandusson, pendoulado....
Masteguem l'ensalado
Qu'es facho emé d'aié.

Lou soulèu que dardaio
Fai pu lusi li daio....

TH. AUBANEL.

Avignon , 14 mai 1851.

LI DOUS MIOU.

FABLO IMITADO DE LA FONTAINE.

Un cargu de civado, e l'autre de l'argèn
Di gabelou, dous miòu caminavon ensèm;
Aqués d'ici cresié d'avé su si-z-esquino
Tout l'or qu'aro li gèn nega dins la debino,
  Espelandra, maigre, avanl,
S'en van per vòu bousca dins la *Carlsarni*!
  Faslé lou fier, se rangourjavo,
Aubou avo la bato autan au que poudié :
  Auia di que coumtavo
  Chasque pas que fasié !
E fasié d'enterim dinda sa campaneto.
L'autre venié dernié, seguissié chan-chaneto ;
Escranca sou' soun fai, boufavo pa lou mo.

Avié dau mau di mu : n'èro pa'n gro barjaire !...
    Mai vici que tout à-n-un co
    Una troupelado de laire
Destouscon d'un bertas : coumé lou pensa bèn,
Agarisson lou mióu qu'èro carga d'argèn :
    l'aguèron lèu fa soun afaire !
    Ai ! pauro ! s'escagassè lèu !....
Pièi coumo mita mort se plagnissió, pecaire !
De ce que li lardoun èron rèn que per èu :
    « Ami, ie fai soun cambarado,
Li-z-ounour bèn souvèn atiron li foutrau !
S'aguèsses, coumo ièu, pourta que de civado,
D'aquesto ouro auiés pa la pèu tan magagnado,
    Saiés segur pa tan malau ! »

A. GAUTIER.

Tarascon (B.-d.-R.), 10 mai 1851.

LOU CALADAIRE E LOU MEDECIN.

Un caladaire proun malin,
Qu'avié la lengo bèn penjado,
Un jour plaçavo de calado
Davan l'oustau d'un medecin.
Lou desgourdi se despachavo,
Nen metié dos au lió de tres,
Cresèn d'èstre vis de pa res.
Mai lou douctour que l'espinchavo,
Vesèn qu'en plaço de caiau
Metié de terro dins li trau,
Ic reprouchè d'uno voix auto.

L'autre ripoustè 'qui dessus :

« Taisa-vous, coulègo ! *mutus!*
La terro acato nosti fauto. »

P. BONNET.

Beaucaire (Gard), 6 janvier 1851.

A MOUSSU JEAN AYCARD.

Dins lou pays que fan lou bouillo-à-baisso,
Que mai d'un co n'es rèn qu'un aigo-sau,
Certèn autour, bon Prouvençau,
Qu'a lou ventre redoun coumo uno grosso caisso,
Mi diguè, l'a d'aquó sièi mes,
Qu'aviés escrich de ta plumo savènto
Un article per Pierre, et qu'après l'aviés mes
Dins la *Revuo Independènto.*
Moun brave et cher Aycard, siéu segur qu'aquéu jour
Deviés avé de tèms de rèsto.
Que tron ti passèt dins la testo,
Per t'aucupar d'aquéu pichot autour?
Aujourd'hui, per lou satisfaire,
Vèni ti remercìar d'aquó,

Et de sa part tambèn ti faire
Présent d'un libre que, pecaire !
A tira de soun viêil cocó.
Si, coumo tu, savènt troubaire,
Bellot, dins nouestro linguo maire,
Alignavo de vers riches, courous e pur,
Per tu fariet, mour camarado,
Tubar d'incèns que la fumado
T'entestariet pas, bèn segur....
Si t'en mando aujourd'hui que caminon de caire,
Excuso-lou, Jeané ! car leis sau pas mies faire....
Mai si vouliés lou rèndre huroux,
Respoundreiés lèu au rimaire....
Car de toun amitié, pecaire !
Es bèn jaloux !

P. BELLOT.

Marseille, 21 février 1851.

LOU MOUNIÉ, SOUN DROLE E L'ASE.

FABLO IMITADO DE LA FONTAINE.

Un moûnié 'mé soun fiéu, un viéi e l'autre enfan,
Enfan es pa lou mot, mai droulas de quinje an,
(Disien Tistoun à-n-un, à l'autre Mèste Blase),
Anavon au marca per ie vèndre soun ase ;
  E per noun gausi l'animau,
  Per li bato lou ficelèron,
  Coumo un lustre lou pendoulèron,
  Esquino en bas e vèntre en au,
  E, balin-balan, lou pourtèron.

—Oi! ve, digué quaucun... Couble de Martegau !
Mai, se soun empega !.. Queto uno! O li viadase !
Lou pus ase di tres bén segur èi pa l'ase !
Nosto viéi, augissén aqueli cacalas :

—M'es avis qu'a resoun, faguè... Siam badalas !!
— E qu'a di, fai Tistoun? — Qu'avem un ploum à l'alo.
    Pichó, lèu, veguem, desatalo...
    Es verai, siam esta de pè.

Tistoun desatalè. L'ase remléutejavo :
Amavo bèn mies èstre en voituro qu'à pè.
Que disié? Iéu noun sai : sabe que reguignavo.
— Per que reguigne pus, encambo-lou, Tistoun.
Tistoun le fuguè lèu escambarla ; soun paire,
    Pauro vièi escranca, pecaire !
Trantraio, e li segui, la man su soun bastoun.

    Vici que tres broucantejaire
Passavon : lou pu vièi di tres bramo au droulas :
    — Descènde, que ? laido mounino !
Lou jouine es à chivau, lou vièi doulèn camino !!..
Se i'avié pa dequó le roumpre li-z-esquino !
    Fai mounta toun paire, qu'èi las....
    A toun age ! as lou fron ?... Davalo.
Despièi qu'ouro toun paire es toun varlé, gourrin ?

— Bèn ! farem autroumen, s'acó vous plai pa'nsin.

    E lou mounié su l'ase escalo...
    Ja ! i ! se soun desencala...
S'encalaran lèu mai ; vici veni tres fio !
Babèu se pargo, e di : — Tò ! qu'es acó d'ila ?

Tè, ve, reluco un pau aquèu vièi Brescambio :
Dia pa que l'an estela ?
D'enterim que se poumpounejo,
Soun galan drole panardejo !
Vièi tibanèu, vous sias pa proun esvedela ?
— Sias pu vedèu à moun age, vaqueto !
Rebriquè lou moûnié ; mai dequé vous mela ?
Fasè voste camin, vóu de cascareleto !

Se prejitèron enca 'n pau,
E piêi : — Noun an bèn tor, bessai, aqueli groulo !
Quau sau ? diguè lou vièi... An ! dau !
Escalo, pichó, s'as d'ampoulo.

Li vaqui touti dous su lou paure animau !
Aquesta fes, belèu, res aura rèn à dire ?
Aç'ana ! — Boni gèn, avè segur un co
Su lou cocó....
Aquel ase d'aqui dèu soufri lou martire !
L'arena !.. Paure mouricó !
Voudreié-ti pa mies l'ensuca' m'una trico ?
Ah ! tenè ! siegués domestico,
Vesè ce que vous fan, quand sias vièi... Hóu ! belèu,
Au marca van vèndre sa pèu ! —

Vaqui ce que diguè, vesèn nost'equipage,
Un daru, sour coumo un toupin,

E qu'anavo brama 'u vilago :
Pèu de lèbre ! pèu de lapin !

— Vè-n-en ici mai un qu'içò l'agrado gairo,
Diguè noste moûnié... M'enfèton ! Que fau faire ?
Se me l'avien après, ie perdréu moun latin !
Countènto pa quau vóu tout lou mounde e soun paire !
Pamen assajarai....
                    Davalon tatecan.
    Li-z-aureio requinquelado,
Lès, e lou nas en l'èr, e fier coumo Artaban,
    Noste ase camino davan.

— Boudiéu ! un autre di, vè 'quela renguielado
    D'ase! Un, dous, tres... Queta fouié !
La bèsti vai à l'aise, e soun mèstre s'alasso !
Per espargna soun ai, gausisson si souié !
    Ah ! mouricò, queta vidasso !...
Iéu ie counselaiéu de lou faire encadra
    O daura !

— Siéu ase, mia curpa ! se diguè Mèste Blase,
'Me de paio, es verai, me durien arriba !...
Farai pu qu'à ma tèsto, e digon bi vo ba,
    Sarai pu testar que moun ase !

                            J. ROUMANILLE.

Avignon, 15 *janvier* 1851.

A M. CARLE.

SONNET.

> *Quod monstror digito prætereuntium,*
> *Quod spiro, et placeo (si placeo) tuum est.*
> HORACE.

Noun, ma Muso oû souléu s'èro jamai coûfado :
Gardavo l'oustalé, couijado a-n-un cantoun ;
Avié jamai reçu louange ni poutoun,
E plouravo, la nieu, din lei bras de sa fado.

Semblavo Çandrïoun. Sei sorr, bèn couifado,
Lei pèu claû de roso, e lou sen, de festoun,

Fièrei damiseloto, anavon su lou toun,
E toujou la paureto aviè de rebufado !

O Carlo ! sies vengu la prene per la man ;
As fa lu,i sa raubo e soun còu de diaman ;
Soun pè fin a coûssa la pantouflo de veire.

Sies rei, l'as facho reino, e soun fron courouna
Dei raioun de ta gloiro eis esta 'nvirouna,
E quan passo, oûjourd'icui, s'oûbouron per la veire

CAMILLE REYDAUD.

Nyons (Drôme), 12 juin 1841.

LI TRES COUNSÈU.

CONTE DE MA RÈIRE-GRAND.

I

Au Vacarés, au foun de la Camargo,
Jan per touto obro èro ana se louga :
Pendèn nóu an, n'avié pa boulega
De soun araire e de sa duro cargo ;
Mai à la fin, se faguè 'n pau ratié,
Car un bèu jour, per quita lou mestié,
Venguè trouva lou mèstre dau meinage,
E ie diguè : « Mèstre, vole moun gage. »
— « Toun conte es lès, ie faguè lou peló ;
Mai, paure Jan ! se noun sies un paló,

Escouto bèn ce que iéu te vau dire:
Per pagamen dau travai qu'ai agu,
De qu'ames mai, tres counsèu, o d'escu ? »

— « Hóu ! faguè Jan, moun mèstre, voulès rire !
Vous autri mèstro, amas de vous mouca
Di mauerous que fasès rustica ;
Es pa de bon !... Pamen, à lou bèn dire,
Un bon counsèu noun se póu tro paga ;
Acó d'aqui res lou vendra nega....
Hóu ! pièi, tenès, dounas li counsèu, mèstre !
'M' aquel argèn dequé poudriéu èstre ?
Mi nóu cènt fran me farien pa pu fin ! »

— « Prene d'abor toujou lou dre camin,
Quand te fourriè camina cinq-cènt lègo !
Ve nen aqui per cènt escu, coulègo ! »

— « Ai ! cènt escu ! Se i'anen pa mai plan,
Sacre vladauco ! auaren pa 'u Levan. »

— « Demandes pa ce que noun te regardo....
Ven'aqui mai per cènt escu, Janè ! »

— « Mai cènt escu !... Mèstre, dounas-vous gardo:
'Me cènt escu, ma pauro Martouné
Pourriè pourta li raubo e li bouné !

'Me cènt escu, farian dau pichounó
Un capelan.... di famous ! Ah! pecaire!.... »

— « Quand anaras entreprendre un afaire,
Pènso nóu co. Vaquí mai cènt escu ! »

— « Malavalisco ! ah ! se l'aviéu sachu !....
Lou tron curèsse aquéu viéi engusaire ! »

II

Par; em'acó rescontro un mestierau
Que ie di : « Què ! mount'anas, cambarado ? »
— « A Sant-Estève ! » — « E iéu vau à Laurado.
Se touti dous anen au Ventarau,
Marchen ensèm : de prepau en prepau
Viren la fin de la malemparado. »

Acó vai bèn. Au bout d'un moumené,
Lou mestierau ie fai : « Tenès, Jané,
Se passavian dedin li tamarisso,
Sarian pu cour ! » E Jané ie respon :
« Noun ! Moun counsèu (belèu es d'un plan-pisso),
Me di pamen de prendre tout de long
Lou dre camin ; e iéu lou crese bon.....
Pourtas-vous bèn ! » E di dous cambarado,
L'un tiro à dia, l'autre s'en vai iróu.

Jan vai toujou din lou dre carriróu...
Arribo à-n-Arle au bout d'uno estirado.
Véi un mouloun de mounde... — « Dequé ia,
Demando Jan, que sias tan esfraia? »

— « In qu'aro mume, au pé d'una sebisso,
An trouva 'n ome escoutela de fres,
Un mestierau, dedin li tamarisso.... »
— « Ah ! diguè Jan, au men, aquesta fes,
Ai pa jita mi sóu à la carriero,
Car m'an tira d'una bello ratieroll »

E mèste Jan pren lou camin dau Gres.

III

Camin fasèn, lou tèm se faguè negre ;
La niu toumbavo, e la pluèio pereu :
Fasié d'ulau ! o lou paure pelegre,
Per camina li vesié plu pa'n bréu.
Souto si pè lou draióu s'escafavo,
De garrouias en garrouias gafavo,
E peralin, la chavano boufavo,
Goumé s'entèn boufa, lou mes d'abréu.
Tout à-n-un co veguè din la mountagno
Un pau de lume espell per bonur...

— « An ! se diguè nosto ome, de segur

Es uno aubergo. Emé lou tèm que bagno,
Es gaire bon de courre la campagno !
Anen-ie lèu : ie passaren la niu,
E souparen, s'an quaucarèn de quiu. »

Ver la clarta que fai tan bello mino
Au voulajour qu'a perdu lou carré,
Lou voulajour tout dre, tout dre camino,
E tout coulan, fai tibla lou jarré.

— Pan ! pan ! pan ! pan ! à la porto sarrado.
— « Quau pico ? » — « Es iéu ! Aquesta vesperado,
Me siéu perdu ; vourriéu la retirado
E béure un co, se se póu, en pagan. »

L'oste davalo, e drèbo en renegan:
— « Dequé voulès ? Ai que de car salado :
Assetas-vous ! vous farai un crespéu. »

Mai de lou vèire emé soun er rampéu,
Coutèu en man, barbo negro e long péu,
Lou paure Jan a l'amo treboulado.
Sieguè bèn mai quand l'oste sournaru,
A pè descau per noun mena de bru,
Auè drubi la porto d'un armari !
Iaviè dediñs una fumo en susari :

L'osto vai quère una tèsto de mor,
E sènso avé de mourimen de cor,
Io mes dedin un tros de car de por,
'Mé d'aigo,..... e plèi adu'quel ourdinari,
Sènso rèn dire, à la fumo en susari.
Quand aguè fa, pestelè mai l'armari.

Lou pauro Jan, pa pu gros que lou poun,
Avié 'na pòu que lou dounavo febre :
Ero pamen curious coumo una lèbre,
E se disié : « Ie demandariés proun
En quau sarjé qu'a pourta lou taloun....
Mai toun counsèu te di : « Jan, pren-te gardo !
Demandes pa ce que noun te regardo ; »
E toun counsèu te costo cènt escu !
L'as pròun paga, Jan, per faire lou mu. »

Coumo un aré que manjo de cardello,
Jan, sèn parla, curè soun escudello,
Em'acò l'osto agantè la candello,
Sènso rèn dire, e lou menè coucha.

Lou lendeman, quand l'aubo matiniero,
Coumo un enfan à-n-una catouniero,
Au fenestroun vengué richouneja,
Jan tout d'un tèm decèn de la feniero.
L'osto s'avanço, e ie di : « Moun ami,

Sias bèn urous de vous èstre endourmi,
Sènso m'avé questiouna su l'armari
Mount'avès vis una fumo en susari !
Touti li gèn que m'an vis faire acó,
E qu'an vougu n'en assaupre de rèsto,
De moun coutèu an reçaupu lou co,
E din lou pous lis ai jita de tèsto !
Vese que vous sias prudèn e discrè,
E per acó vous dirai moun secrè :
Aquella fumo en quau siéu ana faire
Dedin un os manja de car de por,
Acó 's ma fumo !! e la tèsto de mor,
Lou voulès saupre ?..... es de soun calignaire !!
Lis ai trouva que fasien lou peca !
Lou margoulin toumbè dins la batèsto;
Per la puni de m'avé tan manca,
Coundanère elle à bèure dins sa tèsto ! »

Coumpaire Jan noun demandè soun rèsto :
Paguè, prenguè soun bastoun e sa vèsto,
E s'ennanè 'n repetan : « Tron de l'er !
Per cènt escu, moun counsèu n'es pa cher ! »

IV

Mai pa pu lèu a passa li mountagno
Que vèi de liun blanqueja lou clouchè

De soun village; e sènso avé la cagno,
Per pu lèu i'èstre encambo li baragno ;
Toco la man is ancièni coumpagno :
Trovo lis un que van, em'un leché,
Per trento sóu, s'estripa la levado !
Quau vai, quau vèn ; pièi à soun arrivado,
Vèi una fumo em'un capelanó,
Jouine, pouli, risèn e cafinó :
La fumo au cóu d'aquel abechoun sauto ;
Se fan peta de poutoun su li gauto ;
E Jan se pènso : « O d'aquèu capounó ! »

Mai tout d'un co vèn blave, em'acó cridó :
« Acó's ma fumo ! acó's ma fumo ! o sor !
Avé 'scapa tan de fes à la mor,
Per retrouva 'no fumo tan marrido !
Oh ! fau que pete ! Adusès-m'un fusièu
Per li tuia touti dous, sacrebièu !...
Aquèu merrias ! aquella laido caro !...

Pamen, se dis, ai un counsèu encaro,
E moun counsèu, davan de faire acó,
M'a coumanda de le pensa nóu co.
S'aprocho alor d'una chato que passo,
'M'acó le di : « Que, digo-me, chouchoun :
Quau es aquello em'aquel abechoun ? »

— « Es Martouné de Jan-*lou-Couchagasso*.....
Dempièi dès an a quita lou pais ;
Dempièi dès an, sa fumo l'a pa vis ;
Dempièi soun drole es esta 'u seminari,
E ieui revèn per èstre segoundari
Din noste endré : touti le fai plesi. »

— « Diéu, diguè Jan, Diéu siegue benesi !
Se siéu ici, se siéu countèn de l'èstre,
Se siéu urous, lou dève recounèstro
I très counsèu que m'a vendu moun mèstre !
Un bon counsèu noun se pòu tro paga,
Acó d'aqui res lou vendra nega. »

F. MISTRAL.

Aix (B.-d.-R.), 10 mai 1851.

LEIS VOULURS.

De voulurs, si troumpant de routo,
Co d'un banquier rouina rintrèron dins la nué,
Mais si trouvèron bèn aganta dins son juè :
La vèillo, avié sa banquarouto !
« Sian voula, dis lou chef ! Sourten d'ici dedins...
Sènti que pourriéu plus reteni ma coulèro,
En pensan que, dessu la terro,
S'atrovo plus que de couquins ! »

MARIUS BOURRELLY.

Marseille, 23 août 1850.

LA ROSO E LA MARGARIDETO.

A MOUN AMI GLAUP.

Gloria Patri!

LA MARGARIDETO.

De mounté vèn que sias tan apensamentido ?
Que vous es arriba ? Sèmblo que sias en dóu !
Perqué penja lou cout coumo s'eia passido,
Madamo, vous que sias toûbéujus espandido ?
Que fasé'qui, diga, bèlo rèino ?

LA ROSO.

Que fóu ?
Escouto la cansoun d'un galoi roussignóu.

LA MARGARIDETO.

E coumé l'atrouva ?

LA ROSO.

L'atrove poulideto.
Mai es peca, parai ? gènto margarideto,
Que su'quela piboulo, un vóu de passeroun
Mesclon soun lai piéu-piéu en aquela cansoun.
S'entèn qu'eli... Boudiéu! augisse... Oh! li bramair !

LA MARGARIDETO.

Oi ! perqué voulè pa que digon sa liçoun ?
S'èl sa musico, acò, n'an pa bèn tor, pecaire !
Aquell-z-auceloun fan ce que podon faire.
Ansin lou vóu, Madamo, aquèu qu'es ainoundau.
L'ome, l'astre, l'agnéu, l'abio, la mourgueto,
Li-z-ulau e li tron, lou zounzoun dau mouissau,

La ser, lou parpaioun, la toro, la reineto,
L'aragno, lou tavan, lou roussignóu gentiéu,
Lou verme, la cigalo e la catarineto,
L'ile e lou panicau, lou chaine e la caneto,
Lou grié souto l'erbo, e l'aiglo dins li niéu,
La mar e si pissoun, e l'aigo de moun riéu,
Emé lou passeroun dison : Glori à Diéu,
Au Diéu qu'a fa la roso e la margarideto !

J. ROUMANILLE.

Alleins (B.-d. R.), 23 avril 1851.

ESPERIT REQUIEN.

—

O Mor, es doun pa proun que li chato inoucènto
Moron à soun printèm, la bouqueto risènto !
Es pa proun que li flour s'espausson din lou trau,
    Quand boufo lou mistrau !

Es pa proun que toun tai, avare desmamaire,
En tan d'enfantouné raube si pauri maire !
Es pa proun que li sant moron din lou mespres,
    E counegu de res !

Fau-ti qu'un ome sage e qu'un rèi de la sciènci,
Que sèmpre rendié graci à Diéu, dins sa consciènci,

De touti li tresor qu'enfanto lou soulèu,
      Ague viscu tan lèu !

Au men, s'èro toumba din li bras de si fraire,
Au bru de la Durènço e din soun ver terraire !
Mai la Mor ia veja soun abéurage amar,
      Italin, din la mar...

O planto de tout biai que creissès su li collo,
Que verdissès li baumo o bourdas li regolo,
O flour, que d'escoundoun jitas à voste entour
      De tan boni sentour ;

Dessouto li counglas, din li roco fendudo,
A l'oumbro di grand bos, poudès resta 'scoundudo !
Noun veirés plus Requien urous vous destousca,
      E poudès vous seca !...

Aiaiai ! plouro-lou, Museto prouvençalo,
Èu que te recatavo à l'oumbro de sis alo,
Èu qu'à ti proumié can d'un er tan doux risié,
      Car toun biai ie plaisié.

Gingoulo, o pauro Muso ! esclapo ta flaveto,
Cencho toun tambourin de negro e longui veto !
Que siegon per lontèm, que siegon touti dous
      Doulèn e pietadous !

E vautre, Avignounen, vautre qu'amavo forço,
Anas, anas lou quère à l'isclo de la Corso ;
I bor de soun bèu Rose adusès-lou 'n plouran,
  E li campano à bran !

Plantas à soun toumbèu li flour de touto meno
Que di collo i valloun lou ventoulé sameno ;
E que lou sage fague, à l'oûdour di bouqué,
  Li plus doux penequé !

F. MISTRAL.

Aix (B.-d.-R.), 10 *juin* 1851.

8.

LA VÈUSO.

A MOUN AMI CLAUP.

Es bèn verai que Diéu nous amo ;
Dison qu'èi bon : es pa per rèn !
L'ai prega dous an adèrèn,
Ai prega peréu Nostro-Damo :
Dins l'oustau, ia pa'n tro de pan,
Pamen sa man m'a pa laissado :
A mi poutoun, à mi brassado
Lou bon Diéu a baia 'n enfan !

As que mi bras per bressièro,
Per lagne que moun faudau :
Es egau !

Dor dins li bras de ta mèro,
Dor, moun drole, que fas gau!

Siéu bèn pauro, e me creso urouso.
Moun enfantoun, sies pa nascu
Ver quaucun qu'ague bièn d'escu,
E per tu nen siéu pa jalouso!
Se nous fouié parti deman,
Que saió l'aise de la vido?
L'espino dau draiòu s'oublido
Quand poutouneja voste enfan!

As que mi bras per bressièro,
Per lagne que moun faudau :
Es egau!
Dor dins li bras de ta mèro,
Dor, moun drole, que fas gau!

Noun! sarai jamai assoulado,
O moun rèi, de te tintourla!
Tan qu'aurai un degout de la,
Te nen dounarai 'na goulado;
Plan-plan mi bras te bressaran;
La nieu, lou jour, e tar e d'ouro,
Se s'endor, se ri vo se plouro,
Sarai toujou 'me moun enfan.

As que mi bras per bressièro,
Per lagne que moun faudau :
Es egau !
Dor dins li bras de ta mèro,
Dor, moun drole, que fas gau !

Bon Diéu, assousta sou' vosto alo
Aqueli qu'an res per ama,
Pa 'n enfan que digue : Mama !
E que vous bave su l'espalo.
Per viéure, aqueli, coumé fan ?
Mai gramaci per iéu, pecaire !
Car se m'avè rauba lou paire,
Moun Diéu, m'avè baia l'enfan !

As que mi bras per bressièro,
Per lagne que moun faudau :
Es egau !
Dor dins li bras de ta mèro,
Moun bèu drole, que fas gau !

TH. AUBANEL.

Avignon, 1 juin 1851.

A J. ROUMANILLE,

QUAN ANAVO FAIRE IMPRIMA SI MARGARIDETO.

Eis a hiéu de vanta tei douço poèsio,
Ma Muso vóu mescla soun mèu à l'ambroisio
Que deman toumbara de teis aleto d'or;
E vole, sou tei pè, quan prendras ta voulado,
Quan mountaras amoun ver la vouto estelado,
Revehia lou mounde que dor.

Mè, per lou revehia qu'esperem-ti doù mounde ?
— Qu'un poèto de mai din lei nivo s'escounde,
E d'apereilamoun lèisse toumba de can,
Triste ou gai, mè pu for que lou bru dei volcan :
Se lou mounde estouna dreubo un pau la parpèlo,
E se vóu soucamen saupre coumé s'apèlo,

Acó 'i proun, car lou mounde, enquieui, escouto plu
Lou poèto asseta din noste ciel tan blu.

Acó vèn, noble ami, de ce que nosto Muso
A tro lou nas en l'er, e tro souvèn s'amuso
A canta per carrièro emó lei fouligau ;
Acó vèn de ce que lei badau que l'entèndon
Se creson d'imita sa voix puro, e pretèndon
  Coumo elo en toutei faire gau.

Mè, soun pa leis enfan de la Muso divino ;
Soun pa brula doû flô que nosto amo devino ;
An de la poèsio esclapa lei ramèu,
E de sei bèlo flour an pa tasta lou mèu.
Où lió de neteja la lengo prouvençalo,
Où lió de l'assoupli, la fan groussièro e salo ;
Fan boufa 'n ventoulé pu for que lou mistrau,
E sei ver lei pu doux nous fahien veni rau,

Per attendri lei cœur, eis aubre de la routo
An souvèn pendoula sei lyro a mita routo,
E leva ver lou ciel d'ieù blan bagna de plour ;
Lou mounde que passavo a vi sei gauto palo,
E lou mounde en risèn a leva leis espalo,
  E s'èi mouca de sei doulour....

Mè tu, poèto ama, qu'as uno tan bèlo amo,
Que pos toujou drubi tei douas alo de flamo,
E que, su tei mountagno, as toujou frequanta
Leis ange que, la nieu, t'aprenien a canta ;
Tu que nous fas de ver tan bèu, ô Roumanio,
Que res t'acusara d'uno soto manio,
E que Diéu t'a bahia lou gènio e la voix
Que bahio oû roussignóu, lou poèto dei bois ;

Lou mounde escoutara tei souspir e tei plènto ;
Nosteis amo anaran ver toun amo doulènto ;
Lou pople benira soun poèto charman ;
Touto fumo que plouro e que Diéu a blessado,
Drubira soun cœur tristo ei piouso pensado
    Que nous jiètes a pleno man.

CAMILLE REYBAUD.

Nyons (Drôme), septembre 1847.

UN CANT SUS UNA TOUMBA.

—

A M. GERIN, MOUN AMIC E COULLÈGA DE L'ATHENÈA
POUPULARI DE MARSEILHA.

Es aqui que dourmis jusqu'al jour redoutable
Ounte nostre sourel finiro de brilhà,
E que, sus lous debris de l'univers coupable,
L'anja troumpetaro per la derebeilha !
Iliol, quand abandounat à moun destin, pecaire !
Boudrio m'allaugèiri d'un regret qu'es trop viou,
Ah ! laissa-me plourà sus ta toumba, ô ma maire !
Eres ce que moun cor adourava après Diou,

Quane diffèrent lot lou ciel nous o fach ara !
Per iéu, l'inquietuda, e per tus lou repau ;

E se l'eternitat tout-escas nous separa,
Coumprene qu'à la vida on dèu li tène pau :
Car n'autres ressemblan, quand al clot anan jaire,
A las flolhas qu'un vèn carreja dins lou riou....
Ah ! laissa-me plourà sus ta toumba, ô ma maire !
Eres ce que moun cor adourava après Diou.

Me souvendrai toujour de tous souèns lous pus tèndres;
Dessus la bouna routa as sachut me guidà;
E couma lou voulcan que jitta fioc et cèndres,
Toun amour dins lou miou venio se debounda
Quand siol privat de tus, quicon pot-i me plaire?
Moun bounhur es secat mai que l'herba en estiou...
Oh ! laissa-me plourà sus ta toumba, ô ma maire !
Eres ce que moun cor adourava après Diou.

Accoudat sul cabés de toun llèch d'agounia !
En te vechèn perfés sourti d'un rève affrous,
Auzissio que ta vouès, ambé melancoulia,
Me disio : Sios nascut per èstre malherous !
L'espouèr me luzissio, mais luzissio d'un caire :
Car de tous jours remplits s'es acabat lou fiou...
Ah ! laissa-me plourà sus ta toumba, ô ma maire !
Eres ce que moun cor adourava après Diou.

Dins lou mounde, isoulat, la vida m'es à carga;
Pena, joia, avèni, tout m'es indifferèn.

Maire, sans ta presènço, oi, tout n'es re que barga,
Tan nourrisso la fe qu'al ciel nous reveirèn.
Per te rejoundre aqui belèu tardarai gaire,
E se te laisse en paix, te diso pas adiou !
Vendrai souvèn plourá sus ta toumba, ô ma maire!
Eres ce que moun cor adourava après Diou.

J. A. PEYROTTES.

Clermont (Hérault), 27 *avril* 1851.

ODO

(Imitado d'Horaço.)

A L'ABDÉ P. J. S.

> *Eheu ! fugaces*, moun bon ami Jegò,
> *labuntur anni...*

Boudiéu ! coumo leis ans, moun ami, filon léu !
Un pau dedins la joyo, un pau dedins la peno,
Coumo de nouesteis jours lou pichot cabudèu
    Vite, vite s'abeno !...

As bello èstre savènt, as bello èstre gailhard,
Sariès encà pus drud, pus sagi qu'un canounge,
Veiras pas per acot un moumenet pus tard
    Arribar lou vieilhounge,

Et la Mouert, soubretout, laido gènt quo fa póu,
Que, s'anam la pregar, s'attapo leis aureilho',
Et, la dailho à la man, per piquar sus qu vòut
    Toujours rodo et chaureilho.

- Quand la cresèm bèn luèncho, es aqui dins un saut ;
Sènso nous dire garo adarrè nous engrano :
Jouines, vièilhs, riches, gus, Franciots, Prouvençau',
    Laisso degun per grano.

Toutefs faut que li anem, oh ! li a pas de mitan,
Vèire ce que se passo au found dau çamentèri ;
Faut qu'anem pounchegear encò dau vièilh Satan,
    Sejour plen de mystèri.

Escápis dau fusiéu, dau tron, dau colera ,
Quand se sarem enca' derrabats de la grippo,
Au bout dau compte, ami , de que nous servira,
    Se la Mouert nous estripo ?...

Que serve à l'hauturoux de tant faire lou bèu ?
D'anarflerde soun rang, de seis bnès, de seis mobles ?
Bambot * dedins la terro acclapo de nivèu
    Leis pacans et leis nobles.

   * Surnom de notre fossoyeur. (A. B. C.)

Que serve à l'avaras, per tant de ladrariès,
De bèus escús tintin d'enflar lou cachomailho,
Per-y-un que leis vendra dins millo gusariès
  Jitar coumo la pailho ?

Nouesteis vergiers tendriènt la plano et lou coullet,
N'auriam per óulivar jusqu'après sant Sylvèstre,
De tant d'aubres, que rèsto ? un laid ciprès soulet
  Sus lou cros de soun mèstre !

Que va vouguem vo noun, helas ! faut tout laissar,
Lou terraire, l'houstau, leis enfants, la femetto !..
Tout acot fuso lèu coumo vesèm passar
  Lou fum de la pipetto....

Adounc, se lou bon Diéu nous douno d'oli fin,
Et se d'un crano moust la boutto es embugado,
Que rene la sartan ! et nargo dau chagrin !
  Beguem uno rasado !

       A. B. CROUSILLAT.

Salon (B. d. R.), 1er janvier 1848.

PARPAIOUNÉ.

A F. MISTRAL.

—

— Parpaiouné,
Revelo-té.
Que fas, coucha dins li rouqueto ?
Vène espincha su la roqueto
Lou blan troupèu
Dau pastourèu.

Chasque floureto
Me sa raubeto,
Bèu parpaioun, per t'agrada :
L'auceloun se bouto à canta

Sa cansouneto
Tan galoiseto !

Dau ! lou soulèu
Poudra bèn lèu
Dardaieja su ti-z-espalo,
Faire belugueja ti-z-alo,
Car vèn deja
De pouncheja.

La margarido
Qu'es tan poulido,
Vèn d'espandi si rous boutoun ;
Vai-t'en ie lèu faire un poutoun
Su sa bouqueto
Puro e blanqueto.

Galan pichoun,
Sor toun nasoun
De ta rouqueto jauno e verto !
Vai proumena, vai, tèsto alerto,
Tout à l'entour
Di jouini flour.

— Vici qu'alor
Si-z-alo d'or,
Frrou ! tout d'un tèm se drubiguèron,

E dedins l'er esbriaudèron,
Coumé li rai
Dau mes de mai.

A MOUN AMI F. MISTRAL.

Ansin ta Muso
Dedins Vaucluso
Esbriaudo coumo un soulèu ;
Es un di canoun li pu bèu
Qu'espandi l'alo
Di *Prouvençalo.*

ANSELME MATTHIEU.

Châteauneuf-Calcernier (Vaucluse), mai 1851.

MINETO E RATOUN.

FABLO.

—Tout lou mounde es coucha: degun nous póu entèndre
Ratoun, moun bouen ami, sabi qu'as lou couer tèndre,
Qu'aimes pa l'injustici, e sies, à ce que vièu,
I marri tratamen sensible coumé ièu.
L'a, per nouestre malhur, noun sabi quan d'annado,
Que soufrem toutei dous coumó d'amo damnado.
Lou mèstre, la mestresso, e Misè Margoutoun
Nous espausson lei'argno à grand cóu de bastoun!
Crebem quasi de fam. Lei granié, leis armari,
Lei placard.. barron tout! Nous donon quauqui gari
Qu'an pres à la ratiero e que soun bedusclal

Lindor avalo tout ! nous autre anam rascla...
Lei gat soun bèn de plagne ounté l'a 'n chin de casso !
Lipo tout, manjo tout, oues, espino, carcasso...
Foulié plus que Lindor ! un chin dei plus ardèn :
Se li mounstras la grifo, èu vous mounstro lei dèn ;
Se siam souto la taulo à glena quauquei mieto,
Su nouestre casaquin fan giscla lei servieto !
E puis, moun bèl ami, ce qu'es lou plus afrous :
Aviéu fa tres catoun, e me n'an nega dous !
Ve, mi voueli venja ! Bouen Ratoun, parlem daise :
Se voues, dins quatre jour s'anam metre à nouestre aise.
Per nen feni d'un cóu, pa plus tard qu'aujourd'hui,
A toun famous Lindor voueli creba leis ui.
— Fara juga lei dèn. — Siéu vièio, ai la pèu duro...
Fau vèire un bout d'içó, l'a tróu de tèm que duro !
— Mineto, sies senado e me parles pa mau.
Mai, prene gardo à tu ! counouissi l'animau !
Se li boufes au nas, sabes que si rebifo ;
A dous famous quinquè : veira veni la grifo,
E s'uno fes t'agauto, auras dei mau en coues,
Entré soun rastelié fara cruci teis oues !
Toun proujè serié bèu, s'èro pas temerari...
Escouto, faguem mies : au-dessu de l'armari,
As pa vis aquèu pot cuber d'un papié blu ?
— O, l'ai vis, l'a dous mes. Cresiéu que l'èro plu.
— L'a 'no poudro dedins per avugla lei rato.
Dedins nouestrei granié, quan de fes à mei pato,

Ai vis de malurous que venien s'embrounca !
La casso èro facilo : aviéu qu'à lei crouca.
Nen ai pres jusqu'à vint sènso chanja de plaço ;
E tan que nen venié... bonsouer, esquicho impasso !
Siéu segur de moun cóu, Mineto, e risquam rèn.
Per embourgna Lindor, veici coumé farèm :
Metrem dins nouestro bouco un pau d'aquelo terro,
E sènso faire au chin declaracien de guerro,
Boutarem dins seis ui nouestro drogo, e bouensoir !..
— Ratoun, m'en vau dourmi dins d'aquèu dous espoir.

Lendeman de matin, su l'armari grimpèron ;
Lou pot de l'arseni lestamen destapèron.
Nouestrei counspiratour fouguèron malurous,
Car un moumen après, crebèron toutei dous.

A l'omo, bèn souvèn, la vengènço es funèsto,
E la pèiro que pren per tua soun ennemi,
Va sabes coumé iéu, lectour, moun bouen ami,
Dex e nóu fes su vint li toumbo su la tèsto.

F. AUDERT.

St-Remy (B.-d.-R.), 10 juin 1851.

O.

LI DOUS PELA.

FABLO IMITADO DE FLORIAN.

Dous ome, autan vièi coumo Herode
E que coumo èu tambèn avien lou su pela,
   Un jour veguèron dins un rode
Trelusi quaucourèn à la pousso mescla.

   Nosti pela s'imaginèron
   D'avè trouba quauque tresor.
En estèn que chascun lou vouié, que faguèron ?
   — A co de poun se bateguèron,
   Bèn entendu que counvenguèron
Que li bèu picaloun saien per lou pu for.

l'anèrou dur ! se derabèron
Li tres o quatre pèu qu'avien pa 'nca' perdu !

Quand se fuguèron proun batu,
Aquèu que gagnè la bataio,
Anè rambaia li picaio,
Que fasié lusi lou soulèu....

Èro una pigno.... per si pèu !!

A. GAUTIER.

Tarascon (B.-d.-R.), 1 juin 1851.

LOU PICHO PARPAYOUN.

Pichó couquin de parpayoun,
Volo, volo, te prendrai proun !

E poudro d'or su seis aletto
De millo coulour bigarra,
Lou parpayoun su la vioûletto
E plèi su la margaridelo,
Voulastrejavo din un pra.
Un enfan, pouli coumo un ange,
Gauto roundo coumo un arange,
Mita-nus, voulavo après éu,
E pan !... manquavo ; e plèi la biso,
Que bouffavo din sa camiso,
Fasiè vèire soun pichó quiéu.

Pichó couquin de parpayoun,
Volo, volo, te prendrai proun!

Anfin, lou parpayoun s'arrèsto
Sus un boutoun d'or printanié ;
E lou bel enfan, per darrié,
Vèn d'aise, bèn d'aise... e pièi, lèste !
Din sei man lou fai presounié ;
Alor vite à sa cabanetto
Lou porto amé millo poutoun.
Mai las ! en druben la presoun,
Trovo plu dedin sei manetto
Que poudro d'or de seis aletto !...

Pichó couquin de parpayoun !!

C.-H. DUPUY.

Carpentras (Vaucluse.)

LOU BICHOU E LOU TIGRE.

FABLO.

Dins un grand boas, noun sai en qu lio de la terro,
Su 'n bèu gazoun de flour que semblavo uno serro,
Noun pa d'aqueli flour que l'ome ia touca,
Mai d'aqueli qu'i cham vènon de soun sica.
Viéuleto à long pecou, crebidolo pipardo,
Boutoun d'or à tres feuio, e d'autro flour bastardo
Que juste per acó nen fan que mai plesi,
Vivié tranquillamen lou pichó d'uno bicho,
Coumo un ange encadra dins sa poulido nicho,
    Sèn pensamen o sèn souci.

    Noste bichouné quo, pecaire !
Daumassi que fasié ni pu hau ni pu bas
    Que ce que le disié sa maire,

Èro urous e galoi autan qu'èro bounias;
    Poudiè p'agué dins la pensado
    Qu'em'uno amo tan bèn plaçado,
    E qu'en fasèn mau en degun,
    Aguèsse à redouta quaucun.
Tambèn, touti li jour gagnavo de terraire;
    E la bono bicho, sa maire,
    Coumençavo de s'enquieta
    De lou vèire tan s'escarta.
Ie disiè coumo acò : « Bichouné, sies bèn sage,
    Moun sang, noun me plagne de tu;
De toun fraire qu'es mort as touti li vertu...
Sies lou pu brave enfan dis enfan de toun age !
O mai ! vici ce qu'èi, moun bèu : fugues prudèn..!
Iu per aqui de long d'animau... qu'an de dèn !! »
Lou counsèu èro bon : èro un counsèu de maire..
    Mai nen proufitè gaire !

Bichou, coumo un droulas, se faguè barulaire,
    De mai en mai devengué rebricur,
    Per soun malur !
Car un jour qu'un pau lluns'envai, mounto, davalo,
Que cour d'ici, d'ila, que se perd dins lou boas,
Un tigre aneque li sor de dedius soun jas
    E l'avalo !

              A. DUPUY.

Arignon, 28 mars 1851.

L'ALOUETO E SA FIO.

FABLO.

Su la fin dau printèm, uno jouino aloueto
Voulé se pimpara ; se tenié sus un pè ;
Poumpavo la frescour de la naissènto erbeto,
En pinchinan soun corp à pichó co de bè.

Sa maire ie diguè : — Pichouno vanitouso,
A peno ti canoun vènon de se coula ;
En t'esquichan lou bè, *nen sourtiré de la*,
　　Et sies adejà tan glouiouso !...
Que tout ce que lusi te fague jamai gau ;
Virouieges jamai à l'entour dau mirau...
　　Faiés uno fin malerouso !... »

Au bout de quauque tèm,
Sis alo s'alounguèron,
Per parpaïouneja subran se despluguèron...
Un matin dins un pra reluquè quaucourèn
De lusèn :
Se n'aprocho e se vèi : —Moun Diéu, que siéu poulido,
Crido en se miralan ! que ma maire es marrido !

Mountavo, decendié, viravo de cousta,
Em'un air risoulè guinchavo sa bèuta ;
Ie voulastregè tan, fasèn la parpaïolo,
Qu'au mitan dau fiela faguè la cabriolo.
Un *goipo* en l'esquichan ié coupè lou caquet ;
Faguè soun dernié pièu dins lou foun d'un saquet !

F. BONNET.

Beaucaire (Gard), septembre 1840.

LOU GIBOUS QUE NÈDO.

CONTE.

Ai legi quauquo part, noun sai dins quet oùbrage,
Qu'un ome èro gibous per darnié, per davan ;
Èro enca' que mié mau s'èro esta bon enfan !
  Jouine-ome e flo dau village,
   E di pu brave e di pu sage,
  Souto sa lengo de serpèn,
Toujou de soun ounour laissavon quaucourèn.

Un qu'èro esta mourdu 'n pau mai que de mesuro,
  Poudèn pa supourta l'injuro,
  Diguè dins soun cor venjatiéu :
— Maudi gibous, avan que se passe l'estiéu,
  La pagaras, santopabiéu !

Un jour que lou soulèu de juié dardaiavo,
E que de la calour noste gibous badavo,
  Vers un vala, su lou tremoun,
  S'avanço gai coumo un quinsoun ;
  Se desembralo, e plèi d'un boun
  Cabusso dedins la riviero :
Vai, revèn, plounjo, esquio, e fuso en cènt maniero,
  Fai de tour de touto façoun :
  Nedavo autan bèn qu'un peissoun.

Quand noste ome, countèn de soun pichó lavage,
  Aguè fini soun gafouiage,
  E descrassa soun pergamin,
  E refresca soun casaquin,
  A peluga, regagno lou rivage,
Proupré coumo uno perlo e fres coumo un barbèu...

Atrouvè ni souié, ni braio, ni capèu !
Em'un sang-fla pamen supourtè soun daumage...
Mai avan de rintra de nieu dins lou vilage,
Diguè : — Per te puni, voulur, enfan de res,
De ce que m'as rauba ma camiso e mi braio,
  Souvèie que ce que m'as pres
Cole su toun esquino e que vague à la taio !

DASTIÉRA.

Cornillon (B. d. R.), 17 mai 1851.

SE NEN FASIAM UN AVOUCA.

A MOUN AMI H. FAUCHER.

Un avouca bèn lèu acampo de pecunio.
L. ENDURAN.

Un jour, un minagé que lo disien Sauvairo
A sa fumo faguè : — Nanoun, sièu en souci.
-Qu'as?-Toinoun es grandé: noun sai que nen fau faire..
  Sièu à moun aise, daumassi
Siam esta touti dous abarous, espargnaire.
Fumo, esquichem-se'n pau per poussa noste enfan.
Voudrelé-ti pa mies que sieguèsse... noutari
  Qu'un pè-terrous e qu'un pacan ?
— Bèn ! ièu amaièu mai nen faire un capelan.

— Per rebouli de fam e mouri segoundari ?
Crèi-me, Nanoun, saiè peca !...
Se nen fasiam un avouca,
Fumo, aulè 'n mestiè d'or : ia tan de plidejaire !
Ce que ! noste Toinoun es finocho e barjaire !
Nous rebèco pa man : saubré bèn rebeca !
— As resoun, di la maire, aurem un avouca,
E noun mourirem su la paio !

Tan fa, tan ba ! Toinoun, lendeman de matin,
Su li ban de l'escolo anè gausi de braio ;
Masteguè, bèu veuch an, de grec e de latin ;
Se gavè de gèografio,
D'argèbro e de filosofio....

Quand una fes sachè que tres e dous fan cinq,
E que *Rosa* vou dire *Roso*,
Envispla de ver e de proso,
S'envenguè dedins soun amèu
Mountè l'esperavon soun paire
E sa maire,
Qu'avien que li-z-os e la pèu :
S'èron tan esquicha, pecaire !....

Sauvaire labouravo, e noste muscadèu
Se frisavo au mentoun uni sèt a veu pèu,

Su l'aurelo toujou pourtavo lou capèu,
E de touti li chato èro lou calignaire!

O mai, Toinoun èro pa 'nca'
Un avouca!

Partigué per Paris... Esquicho-te, Sauvaire!
Anem, bravi gèn, rustica,
Vosto drole es un travaiaire!
Estudio li cinq code.... en dansan la polka!....
E pièi, touti li quingenado,
Una letro venié : « *Je suis un brave enfant....*
« *Faites-moi le plaisir de m'envoyer d'argent....* »
Veguem, encaro uno esquichado!

Fau vous dire pamen qu'acha cènt, dous cènt fran,
Una pichoto vigno es bèn lèu avalado!
E pièi, fougué vèndre lou pra,
E pièi... di-z-amoulé la poulido plantado!
Basto! ie resté rèn.... que li-z-iu per ploura!

— E bèn! fasié Nanoun, te lou disièu, Sauvaire!
— Dequé ploures, bestiasso? aurem un avouca.
Fumo, aura'n mestié d'or : ia tan de plidejaire!
— E Toinoun, que fasié? dansavo la polka!

L'esperèron lontèm, mai en van l'esperèron,
E noun veguèron que l'uissié
Que mascarè fosso papié !....
E paure coumé Jo, li dous vièi s'ennanèron,
Li-z-iu touti plourous, lou cor endoulouri.
— Nanoun à l'espitau, pecaire ! anè mouri...
L'avouca se neguè. Lou mauerous Sauvaire,
La biasso su l'esquino, un bastoun à la man,
Disté de porto en porto en demandan soun pan :

— Aubourés pa lou fléu au-dessu de soun paire!

J. ROUMANILLE.

Avignon, 4 juin 1851.

LA BELLO D'AVOUS.

A MOUN AMI ANSELME MATTHIEU.

I

Margai de Baumirano,
Trefoulido d'amour,
Davalo dins la plano,
Uno ouro davan jour :
En descendèn la colo
    Es folo :
— Ai bèu à lou cerca :
    L'ai manca,
Di, tout moun cor tremolo !

—Roussignoulé, cigalo, taisas-vous,
Ausès lou can de la BELLO-D'AVOUS.

Margai es tan poulido
Que la luno, en passan,
La luno ennevoulido
Au nivo a di bèn plan :
— Nivo, bèu nivo, passo :
  Ma faço
 Vóu laissa toumba'n rai
  Su Margai :
Toun sourne m'embarrasso.

— Roussignoulé, cigalo, taisas-vous,
Ausès lou can de la BELLO-D'AVOUS.

L'aucèu, dins la genèsto,
Que brèsso si pichoun,
Alongo un pau la tèsto
Per vèire soun mourroun !
Mai de vèire que plouro,
  S'aubouro,
 E per la counsoula,
  Ia parla
Belèu mai de miech-ouro !

— Roussignoulé, cigalo, taisas-vous,
Ausès lou can de la BELLO-D'AVOUS.

Enjusquo la luseto
Que lusi dins lou bos,

Ia di : — Pauro fieto,
Pren moun lume, se vos.
Cerques toun calignaire ?
Pecaire !
L'aguèsses di pu lèu !
Moun calèu
Saié'sta toun menaire.

— Roussignoulé, cigalo, taisas-vous,
Ausès lou can de la BELLO-D'AVOUS.

II

Margai de Baumirano
Fai tan de vai-e-vèn
Qu'à l'oumbro dis engano
A trouva lou jouvèn ;
Ia di : — Desempièi l'aubo,
Ma raubo
Se bagno de mi plour !
Que d'amour
Per l'ome que me raubo !

— Roussignoulé, cigalo, taisas-vous,
Ausès lou can de la BELLO-D'AVOUS.

— La luno me guinchavó ;
E d'un er pietadous,

L'auceloun me parlavo
De tu, moun amourous.
Enjusquo la luseto,
  Braveto,
Voulé, de soun cousta,
  Me presta
Sa pichouno vieto !

—Roussignoulé, cigalo, taisas-vous,
Ausès lou can de la BELLO-D'AVOUS.

 — Mai, toun fron es bèn sournet
Dias que sies malau...
Bèlas, vos que m'entourne
A moun oustau peirau ?
— S'ai tan la caro tristo,
  Mafisto !
Es qu'un negre tavan,
  En trevan
M'a'spavourdi la visto !

—Roussignoulé, cigalo, taisas-vous,
Ausès lou can de la BELLO-D'AVOUS.

 Ta voix, douço coumo èro,
Icui sèmblo un tremoulun
Que trono souto terro !

N'en ai de frejoulun !..
— Se ma voix es tan rauco ,..
Viedauco !....
Es qu'un marri co d'er,
Dempiéi ier,
M'engavacho e m'enrauco.

—Roussignoulé, cigalo, taisas-vous,
Ausès lou can de la BELLO-D'AVOUS.

— Mouriéu de languitori,
Mai aro, es de la póu !...
Un jour de raubatori,
Bèlas, as mes lou dóu !
— Se ma vèsto ti founçado,
Neblado,
La luno l'es pa men,
E pamen,
Au soulèu touj'agrado !

—Roussignoulé, cigalo, taisas-vous,
Ausès lou can de la BELLO-D'AVOUS.

III

Quand la clarta nouvello
Vengué de l'autre bor,

E couchè lis estello
Davan soun carri d'or,
Tan jouine se raubèron,
    Riguèron ;
Tan jouine, s'un chivau
    Fouligau
Eli dous partiguèron.

—Roussignoulé, cigalo, taisas-vous,
Ausès lou can de la BELLO-D'AVOUS.

E lou chivau landavo
Su lou camin poussous ;
E la terro viravo
Darriè lis amourous ;
E dison que li fado
    Rambado
Dansèron à l'entour
    Jusqu'au jour :
Risien coumé d'asclado !

—Roussignoulé, cigalo, taisas-vous,
Ausès lou can de la BELLO-D'AVOUS.

'M'acò la luno blanco
S'ennevouliguè mai ;
L'aucèu, dessu la branco,

S'amaguè de l'esfrai ;
Enjusquo la luseto,
Paureto !
Amoussè soun calèu,
E lèu, lèu,
S'amatè din l'erbeto !

—Roussignoulé, cigalo, taisas-vous,
Ausès lou can de la BELLO-D'AYOUS.

E dison qu'à la noço
De la pauro Margai,
Se taulegè pa fosso
Se riguè gairo mai ;
E dison que li fianço,
Li danso,
Fuguèron din un lló
Vount' lou fló
Se vesié di fendanso !

—Roussignoulé, cigalo, taisas-vous,
Ausès lou can de la BELLO-D'AYOUS.

Su li bar de la cauno
Apalu d'os de mor,
Una tubèlo jauno
Empestavo lou cor ;

E l'avié de cridage,
D'ourlage,
De plour e de rena :
Li dana
Gingoulavon de rage !!

— Roussignoulé, cigalo, taisas-vous,
Ausès lou can de la BELLO-D'AVOUS.

IV

Valoun de Baumirano,
Colo di Bau, jamai,
Dedin vostis engano,
Veguelas pu Margai.
Sa maire di sis ouro
E plouro,
E noun vòu s'assoula
De parla
De sa bello pastouro !...

Roussignoulé, cigalo, envoulas-vous....
Vaqui lou can de la BELLO-D'AVOUS.

F. MISTRAL.

(Tira dau poemo LI MEISSOUN), 1848.

A DIDO,

POULIDO PICHOUNO QU'A PA'NCARO SIÈIS ANS.

« Vène eiçà, li disiéu, vène, ma pichounetto !
Lou soulèu dins lou nivo a'scoundut seis rayouns...
Entèndo, eis bords dau prat, ramagear la reinetto :
La chavano toutaro espousco à gros bouilhouns... »

« Plóut... assousto-te lèu dedins la cabanetto.
As proun, d'eici, d'eila, cassat de parpailhouns,
Proun aliscat de flous toun front et ta manetto :
An ! courre ! » Et vesèau vènt jugar seis coutilhouns.

Dido su meis ginous sauto, et d'uno voulado,
'Me seis brassouns de nèu me fa tèndro accoulado,
Et de soun bèu regard me penètro d'amour.

Quand pièi, en m'appelant soun bon ami, soun paire,
Me bailho, risouletto, un gai poutoun, pecaire !
Nèq, me siéu reveilhat soulet dins l'aire sour...

A. B. CROUSILLAT.

Salon (B.-d.-R.), juillet 1848.

LOU CELIBATARI.

ROUMANÇA.

Dises que sans hypoucrisía
Toun cor palpita per moun cor :
Vai ! lous rèves de pouesía
Hioi, sou pas pus de rèves d'or.
A tous desirs me fiso gaire :
Toun amour pourrio se gamá.
Crei-me, siei trop biel per te plaire,
E tus trop jouina per m'aimá.

Plane toun errou, bel mainage ;
Mai que tus me crese senat ;
Anfin moun age ambé toun age,
Veses qu'es desproupourciounat.

Dins toun se lou remor, pecaire !
Pus tar anario s'enfermá.
Crei-me, siei trop biel per te plaire,
E tus trop jouina per m'aimá.

Laugèiro couma la cabrida,
Que sauta en brouten long d'un riou,
Dèves de la fon de la vida
Tout en canten segui lou flou ;
Piei toun regar engalinaire
A soun grat saupro tout charmá..
Crei-me, siei trop biel per te plaire,
E tus trop jouina per m'aimá.

Mai perqu'as treboulat moun ama,
En me jiten un mot d'amour ?
Tornas emprene aquela flamma
Qu'èro amoussada per toujour ;
E desemplei, triste e renaire,
Ma razou pot pas se calmá....
Crei-me, siei trop biel per te plaire,
E tus trop jouina per m'aimá.

J. A. PEYROTTES.

Clermont (Hérault), 11 *juin* 1851.

REQUIEN.

A A. DE PONTMARTIN.

*Sæpe etiam duris errando in cotibus alas
Attrivere, ultroque animam sub fasce dedere :
Tantus amor florum, et generandi gloria mellis !*
                            (GEORG. lib. IV.)

I

Quand l'aigagno de Mai perlejo su li flour,
Quo, dessu si pecou, li flour requinquelado,
I poutoun de l'aureto escampon soun oûdour,
   L'abeio, per faire soun tour,
   A la primo aubo es revelado ;
E velaqui quo part, touto escarabelado....

Per acampa de mèu couino es afeciounado,
   E coumo es galoi lou vounvoun

De la bono travaiarèlo !
E vague de voula de la colo au valoun !
E li flour que chaugi soun sèmpre li pu bèlo.
   Glenarèlo de Mai,
   Que peno e que travai,
    Parai ?
   Que de vèn e de vai,
   Per faire ta garbèlo !

II

Es pa tout d'acampa : fau carreja lou fai,
  Fau l'adure à la cabaneto....
Regarda nosto abeio : es lasso quenounsai !
Dessu la crebidolo, o la margarideto,
  Quand a de mourimen de cor,
Fau que, de tèm-z-en tèm, pause si-z-alo d'or...
  Es tan liuncho, la cabaneto !
Basto ! a tan acampa, tan vanega, paureto !
  Qu'aclapado de soun tresor,
  Dins li feulo d'una floureto,
  S'escoun, s'amoulouno, s'endort,
   E mort !

III

Es ansin, bon Requien, que ma Muso plouravo,
Que, souleto, ravassejavo,
Enca'tristo de toun adiéu,
Quand, dau mitan di flour, ta bèlo amo mountavo
Ver Diéu !

J. ROUMANILLE.

Avignon, 2 juillet 1851.

LA RATO-PENADO E LA MOUSTELO.

FABLO IMITADO DE LA FONTAINE.

Un jour, noun sabe qu'ouro, una rato-penado
Dins un trau de moustelo intrè, desvariado :
Fouligaudo ! crigué d'avé trouva'n abri.
Mai vaqui que subran coumaire moustcleto,
Qu'i gari nen voulé, 'tre que vèi la pauroto,
      Es lèsto per la devouri.
— As-ti lou front, te fai, d'encagna ma coulèro,
Aprè que ti palé m'an fa tres an la guerro ?
      Oh ! d'aquèu laid animau !!
Car, se noun siéu caludo, as bèn l'er d'estro un gari,
Un d'aquell voulur que furnon li-z-armari,

Que vivon rèn que per lou mau.
Iéu te dise que sies un gari....
An ! digo toun *Counfllec* ;
Se noun vos croba coumo un porc!

— Iéu, un gari ? trouca de dèn , ma bèlo damo,
Ie respond nosta fino lamo ,
Que tramblo de la pòu de se vèire manja.
Vosto parouli me rabalo.
Un gari ? Ieu ? l'avè sounja.
Avès aussa lou couide e carga la cigalo ?....
Iéu faire un tau mestiè !!... Durbissè vosti-z-iu :
Siéu auceloun, vaqui mi-z-alo.
Reluca bèn quau siéu, m'escalustrarés pu.

— Vaqui co que diguè nosta rato-penado.
La finocho agué'qui'na for bono pensado.
La moustelo la crèi e la laisso parti ,
Galoiso coumo un Sant qu'escalo en Paradi.

Tres jour aprè 'quel escaufèstre
Mountè manquè trouva la mort...
(Ah ! quand slas mauerous, es que lou devè-r-èstre!)
Butado per soun marri sort ;
Ver uno autro moustelo intrè mai.... l'estourdido!
Aquesto i-z-auceloun nen vòu ,
E nen sagato tan que pòu :

Rato-penado es mai en dangé de la vido.
La damo de l'oustau alongo lou muséu,
>> Vai tatecan sauna l'aucéu...,
Ai ! aqués có's de bon !... Nosta damiseloto
S'oúbouro e di : - Plan ! plan ! Que catari vous pren ?
Aujourdeui qu'es Demincho, auta-ti fa riboto !
Qu'òi qu'avè dins li-z-iu, de pousso vo de bren ?
Coumo ! ièu un aucéu ! e mount'es moun plumage?
Metè vosti bericle, aluca moun pelage :
>> Siéu un gari, lou vesè pa ?
>> Lou tron de l'er cure li ca !!

>> E per aquela repartido,
La couquino pousquè sauva dous co sa vido.

A l'ouro d'aujourdeui, nien manco pa, de gèn,
>> Rato-penado politico,
Que s'augisson brama, selon coumo es lou vèn :
VIVO LOU REI ! VIVO LA REPUBLICO !

A. GAUTIER.

Tarascon (B.-d.-R.), 3 avril 1850.

UNO BONO FIERO.

A MA SOEUR CLARIÇO CLAUP.

Qu bèu jour ! (ia trento an d'acò),
Pourtave toûbèujus li braio ;
Pu gai que s'avié begu'n cò,
Moun paire mounto, e di : « Marmaio,
Lèu, lèu, davala, que virès
Vostro pichoto sœur, pecaire !
Couchado dins un galan brès....
Vous l'ai aducho de Bèucaire. »

Se courriguère, jujo un póu,
Per te vèire, bèlo soureto !

Aviéu qu'una souleto póu :
Que rebutèsses mi babeto.
Mai noun ! poulido coumo un ióu,
Reçaupères bèn l'embrassaire,
Que cantè coumo un roussignóu :
Vivo la fiero de Bèucaire !

Vouiéu pu me gara d'aqui ;
Roudave autour de ta bressiero ;
Ère pamen bèn ajougui,
Amave fosso la carriero !
Mai de te vèire èro un bonur,
E me faguère toun bressaire,
E deviéu dire à co segur :
Vivo la fiero de Bèucaire !

Cacalejave quenounsai :
Fouguè sourti de la chambreto,
E te diguère : Revendrai,
Ma sœur, dins una micchoureto.
Mama, pecaire ! a de mamau,
E dison que siéu trop barjaire....
Pichoto sœur, que me fas gau !
Vivo la fiero de Bèucaire !

Vous an adu fosso bèbèl,
Disiéu, mi bravo camarado.

Mai iéu siéu pus urous qu'un rèi !
Ai uno sœur.... touto mudado !
Que ploure ieul ? ah ! risquo rèn !
Elo èi ma sœur, iéu siéu soun fraire !
Anem ! cantem touti-z-ensèm :
Vivo la fiero de Bèucaire !

Venguè lou jour dau bateja :
Qu joio ! tenguère lou cire.
Fouié me vèire mestreja !
Dison que nien avié per rire.
Lou rèi èro pa moun cousin !
Ma dignita de sot coumpairo
M'inspiravo lou gai refrin :
Vivo la fiero de Bèucaire !

Mai de retour, quand veguelam
De bonbon la taulo carga do,
Trefoulissiam e sautaviam,
Fasiam mai de bru qu'uno armado !
Lou vin blan ragè dins li go,
E nosti voix, di quatre caire,
Se respoundien coumé d'echo :
Vivo la fiero de Bèucaire !

Ensèm despièi avem grandi :
T'ai vi douço, tèndro, amistouso,

Faire lou bèn sèns' l'esbrudi,
Lou cerca, nen èstro amourouso,
De mi peno alauja lou fai,
Te metre en aio per me plaire...
Oh ! tambèn, cride mai que mai :
Vivo la fiero de Bèucairo !

GLAUP.

31 juillet 1851.

ROUNDÈU.

I TROUBAIRE DI PROUVENÇALO.

Un pau pu tard, quand saubrai mies parla,
De vosti ver que tan m'an regala,
La lengo richo, amistouso, o troubaire !
Alor sarai un de vosti counfraire,
E me veirés glena d'ici, d'ila,
Li gènti flour que bordon li vala ;
Pièi jusqu'à v'autro assajan d'escala,
Vous nen farai un bouquet per vous plaire,
    Un pau pu tard !

Pauro de ièu ! s'aujave escambarla
Vosto Pegase, aulèu lèu davala.

Se sarié lèu desfa de iéu, pecaire !
E v'autre alor dirias : « Se vouliés faire
De ver, Garcin, te nen foulié mela
   Un pau pu tard... »

A J. ROUMANILLE.

Me renes quenounsai de ce qu'escrive gaire :
Roumanille, que vos ? siéu qu'un nouvèu vengu.
A toun pouli rigóu ai pa'nca' proun begu :
Es que desempièi hier que m'as rendu troubaire.

E. GARCIN.

Alleins (B. d. R.), 19 *juillet* 1851.

REQUIEN.

De Sant-Didier à Nostro-Damo,
De Sant-Pierre à Sant-Agricò,
    De qu'es acò ?
Tan de trignoun esmòuvon l'amo..
Perqué, di Carme à Jacoumar,
    Aqueli clar ?

Mounté van li gèn per renguiero ?
Plan-plan caminon dous à dous
    Darrié 'na croux ;
Mounté van, long de la carriero,
Habia de negre e de blan,
    Li capelan ?

Chascun espèro su sa porto
Emé d'hablage de dóu...
  Que ia de nóu,
Que tout Avignoun es per orto?
Mont'èi que van pichó vo gran?
  — A Sant-Veran. *

Requien reyèn, e l'acoumpagnon;
L'an pa vougu laissa dourmi
  Liun di-z-ami...
L'avien ama, tambèn lou plagnon!
Requien, s'escampo bèn de plour
  A toun retour!

Sènso avé liga ta garbèlo,
O missounié, fau t'entourna !
  As samena :
Mai d'aquela missoun tan bèlo
D'autre que tu n'acamparan
  Touti li gran.

Te nen farem una couróuno,
De li-z-espigo; e toun toumbèu
  Sara proun bèu!

---

* Samentèri d'Avignoun.

Se passira pa'me l'autouno :
Sara l'estiéu, sara l'iver
Toujou pu ver!

TH. AUBANEL.

Avignon, 2 juillet 1851.

A LA CIGALO.

Μακαρίζομέν σε, τέττιξ....
ANAK.

Cancanuso cigaletto,
Quand revènou leis meissouns,
Emé iéu sies la souletto
Que t'amuses en cansouns :
Bèn quilhado sus la branco,
Tout lou jour, à toun lesir,
Sies galoyo, rèn te manquo,
Fanfouneges à plesir.

Leis dous uèes dins la sourniéro,
Suzarènt, deshalenat,

Lou chivau trimo sus l'ièro,
Eis fatigos coundamnat.
Tu l'espiuches insensiblo,
Libro coumo l'aucelet,
Et te chales su' 'na piblo
Eis poutouns dau ventoulet.

La laugièro dindouletto,
En rasant leis valadouns,
Piéuco la damciseletto,
Et nen gavo seis nistouns ;
Tu, te laisso bèn tranquillo,
Car sies pleno que de soucn,
Sus leis oumes de la villo
Zounzounar nené-soucm-soucm.

Au printemps, es-ti 'na vido
La vido dau foulestier !
Escoussat de sa dourmido,
Te li fant ges de quartier ;
Lou sagagnon, l'esbramasson;
Voulastregeo au bout d'un fléu ;
Vo leis gaus, pièl, lou pitasson,
Vo lou cat lou briffo viéu.

Mai merito soun supplice :
Es la pèsto deis jardins....

Tu que n'as ges de malico,
Cregnes pas marrits destins.
Tu respèttes la campagno,
Car sies sobro que-noun-sai :
Rèn de rèn, qu'un pau d'aigagno
Te refresco lou gavai.

Garo, au found d'un fres bouscagi,
Vo lou long deis riaus en flous,
Au parpailhounet voulagi,
Eis alettos de velous !...
Va mourir de mouert cruello,
Vittime de sa beutat !...
Cigaletto laidarello,
Risques rèn d'aquèu coustat.

Dins leis champs, se 'na pichotto
Vènt perfés à t'agantar,
Te brèsso dins sa menotto
Per te faire un pau cantar.
Te vòut ges de mau, pecaire !
Amo à vèire teis miraus ;
Piei, te lacho mai à l'aire,
Dins lou fres plantier deis Craus.

Vhuei l'escolo es desertado,
Es dijóu !.. vai cantar luènch !..

11.

Leis enfants, troupo esventado,
Se t'aganton... vé, te tuènt !
Oh ! mai, noun : nouesto marmaiho
Que se cerco que de juècs,
Se te metto au cúou la pailho,
Ris en te seguènt deis uècs...

Cigaletto cantarello,
Messagièro de l'estiéu,
Si, que tu la passes bello :
Sies herouso coumo un diéu !...
Que tambèn me fas envegeo
A iéu, paure troubadour,
De qu l'amo tristo et fregeo
Counèi plus que la doulour!

Quand, de fés, souto l'oumbragi
Vène un pau ravassegear,
Fai-me'ntendre toun ramagi...
Vague de cacalegear !..
Que dau mens (se dins Lisetto
Plus n'espère qu'uno sur),
Tu m'endouermes sus l'herbetto
Dins de songis de bonhur !...

A. B. CROUSILLAT.

Salon (B.-d.-R.), 2 juillet 1849.

EPITRO

A MOUN AMI LANDAIS, ARCHIVISTO A LA MAIRIO DE MARSILHO.

—

Se coumo tu, Landais, aviéu la couneissènço
    De nouestreis rèires troubadours,
Ah ! si sabiéu la luègo ounte, dins la Prouvènço,
    Vas rabailhar teis pouèticos flours,
    Subran l'anariéu, per li faire,
      Dins teis bousquets,
    Uno courouno de bouquets,
      Mai tant lisquetto,
      Et poulidetto
      Que noun sai,
Engensado de flours que passirient jamai !..

En l'aluquant segur que li fariés bouquelo ;
N'en encharléu toun front, aquó t'es bèn degu,
Car sies lou pourridiet d'Apouloun, nouestre paire;
Sènso bretounegear parles ta lenguo maire ;
Se quaucun me dis noun, dirai qu'a tróu begu ;
Aprés li pourgiriéu lou pourtrèt que faguères
Dau *Pavilloun chinois*, dirai mies, dau *Pounchut*
      Que d'aprés naturo pintères,
En rimòs tant couroués sourtidos de toun su.
Lou prouvençau pur-sang aqui beluguejavo,
        Tout coumo lou carboun
        Que s'abro au fugueiroun.
Siéu bèn segur qu'Aubert, Reybaud et Roumanillo,
Qu'en Prouvènço ant gagna tant de celebrita,
En ligènt teis escrits, serient mai qu'espanta',
Et dirient que toun obro es uno mercvilho
      Que regouiro de verita.
   Moun Diéu ! coumo l'as bèn pinta
Aquel endrech mausan per lou fléu de famillo,
Pas luen de Casati, sur la Plaço Neker,
Qu'èro lou *rendez-tous*, l'estiéu coumo l'hiver,
Deis panouchos, capouns qu'amagavo Marsilho,
   . . . .
      Aquèu sejour ounte lou vici,
      Lou sèro, escupiet soun venin,
      Aquèu bal, cuquo de brutici,
      Que trevavo lou libertin,

Et que sourdat, turc ou marin
N'en fasien un luè de delici.

. . . .

D'enrabiats musicièns sur seis viéulouns rasclavon,
D'autreis bouffavon,
Per leis faire dansar,
Et valsar.
Aurias di, double sort! quand touis ensèm jugavon,
Qu'uno tiero de gats aqui si penchinavon ;
Clarineto, bassoun, troumboni, fluto et cor
Tout coumo nouestro chambro èron pamai d'accor!

As reviéuda, Landais, la lenguo prouvençalo,
Qu'ici l'homme de gous tant justamen ravalo,
Car dins Marsilho, vhui, ti parle francament,
Leis rimaillurs li fant un rascas vestiment :
Un l'habillo en français, l'autre d'un troué d'estrasso;
Aquèu dins leis valats la sausso et la tirasso ;
Li vegeon sur sa raubo autant de pourcarié
Que *la Salopo* un jour au port n'en pescariet.
Doù mourbin, cadenoun! fau que mandi la canno
Contro un rimur que fa de vers de miejo canno!
D'aquèu sot orgueilhous ti dirai pas lou noum,
Car voudriéu pas neblar soun usurpa renoum :
Ti dirai soulament que s'un ase, coumpaire,
Consou poudiet venir dins aquestou terraire,
Sur soun espalo auriet segur lou capeiroun !

Iéu que voudriéu seguir teis piados,
Ensigno-iai, Lanlais, ounte trobes teis vers...
L'anarai, noum d'un goi ! faire meis estrapiados,
Et sarai coumo tu vanta dins l'univers !

PIERRE BELLOT.

Marseille, 19 juillet 1851.

L'OME PROUPOSA.

ELEGIA.

A MOUN AMI J. ROUMANILLE.

— Bevem à ta bouana venguda !
Brigadier, ounour à ta crous !
N'as vi de grisa amai de ruda,
Lou bonur te sarà pu dous.
— Beve plus rèn, faut que m'enane,
Douriéu dejà-r-èstre au Pountet...
Faut que parte, faut que debane
Lou pu bèu de moun capelet.

Se counouissias l'aimabla Dida,
M'arrestarias pas sèns resoun :

Dida, fia santa et poulida
De l'oustessa de Courthesoun !
Quand partiguère per l'armada,
Aquèu bel ange dau bouan Diéu
Me parlò coum' un' inspirada,
Ansin me faguè si-z-adiéu :

— Vas au fiò !... Pren moun scapulèra ;
Lou bouto aquí, yo restará !
De touti li mau de la guerra,
Aquèu gage te sauvará.
Soustá de la malemparada,
Yun de tu li marri-z-atous !
La crous sus l'image estampada,
Per tu respicha un' autra crous.

Se l'Arabe, sus toun visage,
Te fichava un estramaçoun,
Me fai rèn ! l'ome de courage
N'en èi que pu pouli garçoun.
S'una balla, dins sa furia,
Veniet, per un maudit asar,
Enfouchar-v-una de ti quia,
Amayéu toujou lou panar !

Ansin disiet, la gènta fia...
— En prechènt coum'un serafin,

Alignava sus la grasia,
Per yéu dous tayoun de boudin.
Oh ! quto gous, qunta fumada,
Quand me la pourgè de si man !
O benerousa grasiada,
Te mange encà despièi quatre an !

Sous li palmier, de ma pensada
N'èi jamai fugida un moumen.
Vierge santa, qu'ai tant pregada,
Bèn lèu finirés mi tourmen !
Dins lou deser pensave à Dida,
Coum'à si boudin graziá ;
Per ella risquave ma vida,
Me battiéu coum'un enrabiá !

Ferme à l'egau d'una muraia,
Lèste quand disien : En avant !
A l'assau coum'à la bataia,
Courriéu toujou-r-au premier rang.
Li canoun près de yéu petavon :
— Tiras, bregan, falibustier !
Pin ! pan ! pan ! li balla siblavon...
Èron toujou court et coustier.

Dilun que vèn, fasem la noça,
Et ye sias touti counvidá :

Ami, venès-ye à plen carrossa,
Poudès pas miéu nous agradà'.
Li troumbone, li clarinetta,
Fluta, cournè-z-et tambourin,
Li droulas amé li fietta
Vous anaran quère au camin.

Oh ! la ripaia sarà bella
Vers l'oustessa de Courthesoun !
Boutarà tout per escudella,
Et li grand plat dins li pichoun.
Terra et mar ! de lèbre, d'anguila,
Vedèu, toun, pardris, tant et tant
Que lou vèntre d'un crocodila
Pourriet belèu plus faire avant !

Per arrousar tala fricassa,
Li vin li pu fin, li pu bèu,
Couma s'èron de la Bausaça,
S'escaparan à plen bournèu !
Béurem i novi à tassa plena,
I parèn, amis, au curà ;
Anem cantar couma d'ourguena...
Et pièi, dansarà quau pourrà !

Sous l'òutin boutarem la taula,
Pertout de flous et de lampioun ;

L'un ris, l'un canta, l'autre miaula :
Anem faire un bèu carioun !
Au desser, gisclon li fusada ;
Li Courdier van, de si viouloun,
Accoumpagnar chasqua rasada
D'una valsa ou d'un rigoudoun.

Oh ! couma Dida sarà bella !
Que sarà vestida amé gous !
Y'aduse riban et dantella,
De pendèn, un pouli burnous !
Sarà la rèina de la fèsta,
Et la rèina de moun amour ;
Ai pòu de n'en virar la tèsta !
Quie bonur et qu bèu jour !

M'a 'scrit, la semana derniera :
Despièi vieu jour siam afficha ;
Nous an gità de la cadiera :
Vesès se me faut despachà' !
— Lou brigadier vola vers Dida,
A vite esquià soun picoun ;
Saluda Sorga et Bedarrida....
Lou vaqui davan Courthesoun.

Vèi una chata en rauba blanca ;
Soun voala ye penja i taloun ;

Et ye fai : — De rèn se n'en manca,
Uéi l'as facha, ta coumunioun,
Lou vese bèn : portes un cire...
Mai per acô faut pas plourar.
— Coume ! èi vous ? Moun Diéu ! que vous dire ?...
— Dida ? — Venem de l'entarrar !

CASTIL-BLAZE.

Paris, 4 août 1851.

GOUTOUNO.

Goutouno,
Malautouno,
Malautouno d'amour,
Souleto,
La paureto !
Disié 'nsin à la flour.

— « Poulido
Margarido,
Iéu t'ame quenounsai,
Quand l'aubo
Su ta raubo
Escampo si bèu rai.

Siéu uno
Chato bruno
Qu'amo vèire, plan-plan,
L'aureto
Frescouleto
Boulega toun fron blan ;

Fineto,
Sis aleto
Escampa de toun iu
L'aigagno
Qu'acoumpagno
Li nèblo de la niu.

Pos crèire :
Per te vèire,
Laisse alor lis agnéu
Que garde,
E regarde
'Me plesi lou souléu

Te rire
E te dire
Coumé l'aubo te di :
Floureto
Crentouseto,
Aro pos t'espandi.

Di peno
Qu'amour meno
Saubras jamai lou gous,
Poulido
Margarido !
Que toun sor es urous !

Siéu flo,
O ma mio !
E pamen chanjariéu
Ma vido
Desglesido
Voulountié per la tiéu ! »

ANSELME MATTHIEU.

Châteauneuf-Calcernier (Vaucluse), mai 1851.

A J. ROUMANILLE.

L'aubo vai din lou ciel amoussa leis estèlo ;
Lou pastre matinié se freto lei parpèlo,
  E se lèvo sènso calèu ;
Où jas tout se reveio ; où jas, a-n-aquesto ouro,
L'avé sor de l'estable, e davan la pastouro,
  Fai dindina sei cascavèu.

Leis oustau soun duber : lei chato, que soun lèsto,
Van quère d'aigo où po,   , un bró dessu la tèsto ;
  Lou gavois abéuro sei mióu ;
Deja, per lei camin bourda de bouissounado,
Lei mèstre, lei varlé s'en van a la journado,
  Amé l'eigado su lou cóu.

Mè, su la mountagno
Couverto d'eigagno,
Lou soulèu deja
Vèn de pouncheja ;
Deja la cigalo
De soun can regalo
Pastouro e bergiè,
E lou meinagiè,
Que s'ei leva d'ouro,
En siblèn, labouro
Soun tros de vergiè.

E hiéu, paure poèto afama d'ambroisio,
Ami, per laboura moun cham de poèsio,
 M'ère leva peréu :
Mè, l'ai trouva clafi de grame e de coûssido ;
Te pode rèn oûfri : vos pa de flour passido,
 Vos pa de grato-quiéu.

CAMILLE REYBAUD.

Nyons (Drôme.)

A MOUN AMI BIGAND,

PER LOU BENERCIA DE M'AVÉ FA MOUN POURTRÉ.

SONNET.

Toun genio, ô Bigand, las de trinassa l'alo,
Un jour te vounvouné : — « Lèisso aqui lou sejour
Di mort : ia tro de tèm que ta lagno s'exhalo,
Oû toumbèu de Requien, en d'inutile plour.

Oû front de sis ami, ve, qu'aquelo bello amo
A leissa de reflèt de saber, de vertu !
Que toun brulant pincèu n'en coumpose uno flamo :
Ansin veiras Requien resuscita per tu ! »

As segui soun counsèu, et sous ta man savènto,
Espelisson subran de ta paleto ardènto
Li pourtrè dis ami d'aquèu grand citouyèn.

Tambèn, as fa lou miéu... gramaci! Mai pren gardo!
Cerqueges pa tan iun : regardo en tu, regardo
Li noblo qualita de l'illustre Requien !

AUGUSTIN BOUDIN.

Avignon, 12 *août* 1851.

A BIGAND,

EN IE MANDAN MI MARGARIDETO, PER LOU REMERCIA DE
M'AVÉ FA MOUN POURTRÉ.

—

Moun bon Moussu Bigand, vous mande ma Museto.
Coumo un jour per Requien, vèn de faire teleto :
    Me fai gau ; a'n biai benesi !
A mes soun faudau ver e sa blanco raubeto;
    Coumo una perlo es neto,
    Coumo un mirau lusi !
Siéu paire, que voulès ? l'atrove poulideto,
E saiéu bèn galoi se vous fasié plesi !

    Mai ma gènto cascareleto,
    Noun sabe se poudrés l'ausi :

Davan vous, moun ami, sara tan crentouseto,
>Paureto !

Qu'aujara pa belèu vous dire : — « Siéu ici :
Moun paire vóu, Moussu, que vous digue merci
>D'avé pres per èu la paleto
>Qu'esbriaudo, e tan trelusi
Qu'à voste entour, li-z-ange, en vous fasèn bouqueto,
Per vóu, quand travaia, vènon faire l'aleto ! »

>Mai vous baiara, pecaireto !
Pau de causo : un bouqué qu'èi adejà passi,
Que quand dau mes de mai alenavo l'aureto,
Entré qu'apèralin nasejavo l'aubeto,
I bor de nosti riéu, l'autre an, clo a chausi,
>E qu'ai bouta dins sa maneto :
>Moun bouqué de *Margarideto*,
>Perleto
>Que m'an douna proun de souci !

Oh ! mai, ai lou cor siau, ô Bigand, daumassi
Sias bon, e que farés quenounsai de babeto
A ma Muso crentouso, à si pauri floureto,
E que trefoulirés de noste gramaci !

J. ROUMANILLE.

Avignon, 21 août 1851.

LA FILLA DEL POPLE.

ROUMANÇA.

O filla à la vouès amistousa,
De nostras passious d'inçabal
Te planes pas : que sios herousa !
Counnouisses tout just lou trabal.
Per soulajá ta bieilla maire,
N'as pas finit ni nioch ni jour :
Trobes pertout quicon à faire.
Filla del pople, oi, t'aimarai toujour!

Procha del lum sans fi que brilla
E que veilla davan l'autel,
Vèspre e mati, vas, jouina filla,
Oúffri toun cor à l'Eternel.
E toun anja, de póu qu'escoutes

   Satan que roda à toun entour,
   Prega lou Christ qu'es mort per toutes.
Filla del pople, oi, t'aimarai toujour!

   Ta caritat es forta e granda ;
   Jamai fas pas tort à degus ;
   Dounas al paure que demanda
   Lou pan qu'avios coupat per tus.
   Lou voulajur las de sa marcha,
   Que dau la nioch cerqua un sejour,
   Dins ta cabana troba una archa.
Filla del pople, oi, t'aimarai toujour!

   Filla, se n'as pas de richessa,
   Au mens poussèdes un boun cor,
   Au mens poussèdes la sagessa :
   Acó vol mai qu'un grand tresor.
   Sios l'anja gardien que me guida,
   Sios moun bounhur, sios moun amour,
   Sios moun idola e sios ma vida !
Filla del pople, oi, t'aimarai toujour !

         J. A. PEYROTTES.
         (Potier de terre.)

Clermont (Hérault), 1842.

A J. ROUMANILLE,

PER LOU REMERCIAR DE SEIS MARGARIDETO.

Roumanille, ai reçu toun libre
Tout caffi de vers poulidets
Qu'an espelis souto teis degts ;
N'ai jamai vis d'aquèu calibre.
Que largues de proso ou de vers,
Un esprit san toujours arroso
Teis vers, ou bèn ta richo proso :
Jamai escrives de travers.

Mai digo-mi, charmant poèto,
Perqué, quand mandes leis bouquets
Qu'as engensa dins teis bousquets,

Perqué ta Muso poulidetto,
Aquello deis chevus frisa,
Nous dit que leis as coumpousa
De belleis flours *margaridetto* ?
Nous prenes doun per de fada,
Puisqu'es de rosos qu'as manda !

P. BELLOT.

Marseille, décembre 1847.

A LA CIVADO-FÈRO.

Grandes dominantur avenæ.
VIRG.

O grand' civado-fèro,
Qué mountes din li bla
Tan boudenflo e tan fièro,
Sies bono qu'à 'scala.

Se toun espigau rèsto
Din lou cham, tout soulé,
Fas que branda la tèsto
Au mendre ventoulé ;

E lèu, coumé de juste,
Fariés lou cabussu,

Sènso lou bla robusto
En quau mountes dessu ;

E per se teni drecho,
E per noun se gibla,
A ta boudousco estrecho
Fau l'ajudo dau bla.

E sènso èu, ta creissènci
D'un jour sarié tout jus,
E per recouneissènci,
Ie poumpes tout soun jus.

E ti longui racino
Devourisson li siéu,
O marrido vesino
De la planto de Diéu !

Per gari la magagno
De ti canoun brula,
Raubes la douço algagno
Que l'aubo mando au bla.

Ta maigro e follo espigo
Me fai sounja souvèn
En d'aquell boufigo
Que soun pleno de vèn.

Toun aresto marrido,
Vergougno de meissoun!
Di bèsti mau nourrido
S'arrapo au gargassoun.

O grand' civado-fèro,
As bèu à te gounfla!
Escalo o fai la fièro,
Te fourra proun gibla!

Que lou Ventarau brame,
E te boufe darnié!
Vèngue lou grand voulame
De l'aspre meissounié!

E maugra ta cresènci,
Maugra lou vèn que fas,
Maugra ta grand' creissènci,
Gloulouso, toumbaras!

Dau bla l'espigo rousso,
Mai rousso qu'un fléu d'or,
De ta laido garrousso
Sara triado alor;

Maugracious de te vèire
Negreja din lou drai,

Lou baile, mèste Pèire,
Vai rena quenounsai.

D'èstre boudenfle o riche,
Souvèn-te que n'es rén !
Fau que tout gran s'esquiche
Su l'eirou, aderrèn.

O grand'eivado-fèro,
As bèu à-n-escala,
As bèu faire ta fièro,
Te fourra proun gibla !

F. MISTRAL.

Aix (B.-d.-R), 5 juin 1851,

LOU GOUDROUN.

Un jour, au port dau Rhose, à grand co de pincèu,
Bat-Remo, lou patroun, goudrounavo un batèu.
Vici qu'un vilajoas qu'acoumpagnavo un ase,
Lou regardo, s'aplanto, e demoro en extase
Un gros quart-d'ouro, au men; pièi demando perqué
Bassino coumo acô lou quiéu d'aquèu barqué.

Lou patroun ie respon : « Sachê qu'a lou merito
De lou faire marcha dèx milo fes pu vite...
Quand n'a lou quiéu farci (parlèn amé respè),
Lou miour di chivau ie póu pa teni pè.

— Quto bèlo invencioun ! oh ! quto bèlo causo !...
Ièu... moun ase... qu'anem coumé de cacalauso...
Ah! se coustavo rèn... ou gaire!... Auriam besoun...

—Vous acoumoudarai, brave ome ! Avô resoun...

De l'ase, lou farçur oûbouro la coueto,
E nien ficho tout eau su lou molo di peto,
En disèn : — D'uno coucho à voste ase, n'ia proun.

Su lou co, l'aso part pu vito qu'un vagoun !
Auié gagna lou pris à la courso, e de rèsto.
Noste ome alor s'escrido, en escrussan sa vèsto.
—Despacha-vous, Moussu ! Vese que lou perdrai !
Se me nen freta pa, jamai l'agantarai !!

D. C. CASSAN.

Avignon, 1850.

MA VESINO.

A ÉMILE DESCHAMPS.

Ve, Goutoun, sies una perleto;
As una talo facho au tour,
D'iu que beluguejon d'amour;
Sies bravo autan que poulideto.

As un biai angeli, Goutoun,
Un cor d'or, uno amo inoucènto;
As una bouco qu'èi risènto,
Una bouqueto d'enfantoun.

Finalamen, tu sies, vesino,
Un tresor, un bijou de rèi !

Mai, moun enfan, vici ce qu'èi :
Ia ges de roso sènso espino ;

Ia res que noun siegue endeca :
Toun espino, jouino floureto,
E ta laido deco, paureto !
Èi que jogues... emé lou ca !

Emé lou ca !!... Hier t'espinchave...
Vèngues pa me dire de noun ;
Lou bressaves su ti ginoun,
E ièu, pecaire ! souspirave !

Bèn mai ! ie fasiés li-z-iu dous ;
Coumo un enfan lou tintourlaves,
Lou sarraves, lou calignaves
D'un air e d'un biai amistous.

E per toun cor èro una fèsto :
Trefoulissiés, tout te risié
Que te dirai ? acó fasié
Drissa li pèu dessu ma tèsto !

Mai vici lou pu gros peca :
Ie faguères una babeto !
Pausères ta bèlo bouqueto
Dessu lou mourre de toun ca !!

Vo, tu sies, ma gènto vesino,
Un tresor, un bijou de rèi !
Mai, moun enfan, vaquí ce qu'èi :
In ges de roso sènso espino.

Se voulés me crèire, Goutoun,
Lou mandatés cassa de rato,
Lou caressatés pu, ma chato !
Degatatés pu ti poutoun.

Ve, pièi, se vos avé, ma bèlo,
Quaucourèn à tintourleja,
Un amour à poutouneja,
Poutounejo ta tourtourèlo.

Quand prenes toun catoun, m'amour,
Acó me treboulo e m'encagno :
Me sèmblo bèn vèire uno aragno
Qu'arpatejo sus una flour !

Coucho aquela bèsti, vesino,
Quand à toun entour miaulara,
E lèu ma Muso te dira :
Sies una roso sènso espino.

J. ROUMANILLE.

Avignon, 19 juillet 1851.

A-N-UNO BRAVO PICHOUNO.

Noun, noun, voulem pas, Margoutoun,
Te faire un crime, ô poulidetto,
De flattegear 'mé ta manetto,
Et de poutounar toun catoun.

D'uno amo sensiblo et pietouso
Dounes la provo, acot fasènt ;
Toun couer bounias, coumpatissènt,
Aquit se ves, viergi amistouso.

Sus leis malouns Minet se plant,
Enfregeoulit... Dessus ta faudo,
Coumo dins uno brèsso caudo,
L'acates, lou brèsses bèn plan ;

Lou reviscoueles !. Èu te miaulo
Soun gramaci d'un ton doucet,
En t'alucant amourouset...
Oh ! li manquo que la paraulo !

Turto, se fretto, fa lou bèu,
Per te temouniar sa tendresso ;
Fier, à la man que lou caresso
Pouergo lou velous de soun pèu.

Et que mau li a, se ta bouquetto,
Quand plèi èu te fa soun roun-roun,
Dessus soun poulit blanc mourroun
Pauso uno pichouno babetto ?

Qu amo leis bèsti 'amo leis gèns....
Vai, mignotto, sies pas trop grando :
Juègo, juègo... Touto la bando,
Siam pas jalous, mais indulgènts.

Se, per frimo, un galoi troubaire
Te remièutegeo : « Ai ! que peccat !
« As baisat lou mourre à toun cat !. »
Risouletto, mando-lou jaire.

N'autres voulem pas, Margoutoun,
Te faire un crime, ô poulidetto,

De flattegear 'mé ta manetto,
Et de poutounar toun catoun.

A. B. CROUSILLAT.

Salon (B.-d.-R.), 10 *août* 1851.

LOU ROUSSIGNOU E LA MACHOTO.

Un bèu roussignóu, din lou bois,
Per uno douço nieu, cantavo,
E de tèms en tèm escoutavo
Uno machoto à laido voix.

— Teiso-te, cantuso doulènto,
Hi diguè l'oûsseloun vanta ;
La nieu, de toun afrouso plènto,
Leis oûssèu soun espouvanta.

— Quand de tristesso moun cœur sauno,
Que vous fai, charman roussignóu,
Que gemigue où foun de ma cauno ?
Moun chou-cou vous fai ge do móu.

Ma voix lugubro eis ennuiouso,
N'en counvène... mè, fai trouva
La vostro pu meloudiouso....
Ansin, leissa-me doun reva !

CAMILLE REYBAUD.

Nyons (Drôme), 1844.

SÈN BINCÈN DE POL.

DE TOULOUZO A LA BILO DE DAX. *

> *Semper pauperes habetis vobiscum.*
> (MATTH. XXVI, 11.)

Que destrounen lousrèys, quefasquen pats ou guerro,
  Que nibèlen fourtuno et ren,
Lou lendouma, beyran de paures sul la terro...
Or doun, la Caritat sara Rèyno en tout ten;
Et Sèn Bincèn de Pol, soun gran reprezenten,
Escampillan pertout soun armado noumbrouzo,

* Patrie de St Vincent de Paul.

Et counsoulayro, et piétadouzo,
Dins lou mounde, jusqu'à sa fi,
Aura, che la mizèro hountouzo,
De larmos à seca,... de plagos à gari !
Tabé sous bièls drapéus, sas ensegnos noubèlos
Counton may de souldats que lou ciel n'a d'estèlos !
Gran Sèn de nostre ten, pel co ses fèy l'aynat
De l'Esprit, de la Glèyzo et de la Caritat....

Aluquèt l'amo fredo à soun amo burlento ;
Apelèt sul l'oustal la bountat del palay ;
La Piètat bizitèt la bieillesso souffrento ;
Lous maynages al brès que perdion uno may,
Proche d'el n'en troubabon trento !
Al mitan des plazés fazió toumba de plous
Que cambiabo talèu en mel pel malhurous ;
May d'un mèstre, à sa bouès, fasquèt libre l'esclabo;
May d'un rèy, per il playre, en gran se mestrejabo;
Et dizon mêmo qu'à Paris,
May d'un cot, dins de bals, an bis
De rèynos, al moumen oun lou sage quistabo,
Se derrega des piels diamans et rubis,
Et se descourouna pes paures que pintrabò !....

Oh ! Sèn Bincèn de Pol es lou gran sèn d'anèy !
Nat *Julllet*, nat *Féurè* que destrouno aquel rèy !!

Dins soun brès *lanusquet* ma Muzo aginouillado
A pres noubèlo forço, et la baci tournado
      Per canta soun drapèu tan bèl ;
Dax, serbèn dins toun fil la cauzo la millouno,
Et lou poèto y gagno uno doublo courouno,
Car Sèn Bincèn de Pol estaco à soun ramel
La glorio de la terro... et lou parfun del ciel !

JASMIN.

Toulouse, 9 *avril* 1851.

LOU GRAND BAL.

A MOUN AMI F. SEGUIN.

Que soun bella, li-z-armounia,
Tranquilla niu dau mes de mai !
L'oumbra canta si litania,
Quand lou jour se teisa et s'en vai.

Ya gin de repau sus la terra :
Prièra et louango sèns fin,
Touti, de touti li manièra,
Celèbron soun ouvrier divin.

A coumençà la serenada
L'armita à San-Jaque reclus ;

Per èu la campana èi toucada :
Nous a dindiná l'*Angelus*.

Bèn pus aut que lou pibo antique
Entendès flutar lou courlu ;
Dins li-z-air redit soun cantique,
Avant de se couiffar de niu.

Lou bèuloli sibla sa nota ;
En sourdina fai bèn de tour ;
Et li souspir de doua machota
Fan un ecó plen de douçour.

Machota, me piques à l'ama :
N'as qu'un ton, mai qu'èi round ! qu'èi bèu !
Se n'acampaves una gama,
Cantariés miéu que gis d'òussèu.

Malibran, de toun arietta,
Quand nous laissaves espantá,
Escriviéu : — « Brava, Marietta !
Coum'una machota as cantá. »

Augès lou mouissau que v foulouna :
Soun arquet delicat et long
Avança, recula, vounvouna :
Res pòut-y miéu filar un son ?

De pelerin une voulada,
Emigrá de Jerusalèm,
Vers li-z-estella bat l'estrada,
Au cant di-z-ourtoulan mayèn.

La luna i risèn se miraya,
Li luzetta brion i prá;
Teiterei ! nous redit la caya,
Et li griet an souspirá.

Un vièi gau, bèn digne d'eloge,
I galoun baya l'*a-mi-la :*
Touti respondon... Lou reloge
Su li gau vèn de se reglá.

Lou roussignóu sus soun nis veya,
Canta, se lagna, et de sa vouas,
Graciousa et brianta merveya,
Gitta li perla dins lou bouas.

A tant d'air et de cantilèna,
Faut una bassa et de mitan :
Boutas, li troubarem sèns pena,
Graci i reinetta di-z-estan.

Qunta vapour armouniousa
S'òubouro de chasque jounquier,

Fanfoni longo et vigourousa
Que se nota pas sus papier.

L'orgue de grapau, de granouya,
Sèns ye bouffar toujou brusi,
Pople que jacassa, patrouya,
Et que pamen fai grand plesi.

La Durènça d'eici davala,
Murmura un poètique son...
Olà !... preniéu per de timbala
Un mióu que trotta sus lou pont.

Ah ! bessai vourrias de trombone ?
Tambèn vous li pode acampá:
Un aso brama, vous lou dono,
Amai li dous chin qu'an japà.

Aquela ourchèstra fourmidabla
Que dèu-ti bouffar ou rassar ?
— Una valsa immènsa, admirabla,
Que li-z-estella van dansar.

CASTIL-BLAZE.

Paris, 10 août 1851.

BRUNETTO.

VILLANELLO.

L'aubetto à peno fa bouquetto ;
Dedins l'aigagno doû matin
A peno l'oûsseloun bequetto.

Et iéu vesi deja Brunetto
Troutant dins soun pichoun patin,
Coumo l'aubo fasènt bouquetto.

Oh ! prendrias sa blanco cournetto
Per un bel yeli de satin,
Que jamai l'oûsseloun bequetto.

Se proumeno dedins l'herbetto,

A travers soun pouli jardin,
Mounté l'aubetto fa bouquetto.

Se dandino su sa cambetto,
Emé soun pichoun air badin :
Sèmblo un oûsseloun que bequetto.

D'un pichoun libre que fuilletto,
Ris, en viran lou pergamin
Mounté leis amours fan bouquetto.

Et puis, sa man fa la cuilletto
D'un bèu bouquet de joûssemin
Que l'oûsseloun jalous bequetto.

Toco, en passant, chaquo flouretto
Emé sa raubo de basin
Tan blanc que fa faire bouquetto !

En chaquo souco de claretto
Pito quauquo agi de rasin
Qu'emé seis dènts de nèu bequetto.

Puis s'en va mouse sa cabretto
Que roulgo uno branco, cissalin,
Pleno de flous que fant bouquetto.

Per li la teni, sa souretto
La caresso d'un air calin,
Et de seis poutouns la bequetto.

Doû têmps qu'à ginous su l'herbetto,
Apparo, dedins un toupin,
Lou lach que sèmblo fa bouquetto,

Vóu poussa la tèsto à Brunetto,
Et trempa soun mourroun dedin
Lou lach qu'en lipegeant bequetto,

Emé sa pichouno bouquetto!

J. D. GAUT.

Aix (B.-d.-R.), 16 septembre 1843.

A MOUSSU BIGAND,

PER LOU REMERCIA D'AVÉ FA LOU POURTRÈ DE MOUN
AMI ROUMANILLE.

S'èro Babèu de Moussu Eyme,
Vai, Bigand, restaiés ici,
Car boutaiéu tout à bel èime
Per te faire un sort benesi ;
Me velés courre, per te plaire,
Bèn pu lès que lou chin lebrau !
Saiés l'omo urous dau terraire,
Saiés la perlo de l'oustau.

« Ah ! — te diéu, n'anes pa courre,
Cousiné Requien, liun d'Avignoun ;

Ia deja bèn proun tèm que ploure !
E de lagremo nen ai proun.
T'ame tan que me vèn la lagno,
Quand nous parles de t'esmarra...
Brave Bigand, fai-me coumpagno
Jusquo que m'anon entarra. »

T'analéu pa vanta ti-z-obro :
(Quau es aquèu que noun lou fai ?)
Ai men de gaubi qu'un manobro,
Quand s'agi de liga lou fai
Di coumplimen que l'ome douno
I gèn que n'an pa si paié... ;
Mai te faiéu richo courouno,
E tout lou mounde aplaudcié.

La misèro au vilèn carage
Jamai vendreté naseja ;
Se t'asardavo soun courage,
Moun foui la faié pousteja ;
Dau bonùr auiés la cadaulo ;
Touti li jour, graci à Babèu,
Redoun t'endourmelés à taulo....
Mount'èi qu'auras un sort pu beù ?

Ma pauro amo se requinquejo,
Quand te sabe à cousta de iéu ;

Plan-plané ma vido s'esqueio,
Coulo douceto coumo un riéu.
Quand de te vèire nous alegro,
Nous laissaiés à l'abandoun !
Fourrié qu'aguèsses l'amo negro
Coumé l'amouro di bouissoun !

Vaqui ce que pourriéu te dire,
S'èro Babèu : mai la siéu pa.
Te fóu cabó, piéi me retire....
Siéu qu'un troubaire mau lipa.
Per tu voudreiéu tan bèn faire
Qu'acó m'emmasco quenounsai...
Viras bèn que siéu qu'un rimaire,
Qu'una campano sèn' matai !

MANDADOU.

Coumé Babèu de Moussu Èymo,
Per tu, Bigand, ai tout quita ;
Vène à ti pè bouta lou dèlme :
Li siéi coublé qu'ai capita !

GLAUP.

7 septembre 1851.

LOU MISTRAU.

ODO.

Per canta l'auro que treboulo
De soun alen mar, terro e cèu,
Envolo-te su la piboulo
Emé lis alo de l'aucèu ;
Laisso toun pèu e ta centuro
Voulastreja dessu l'auturo,
E din ta glori lèvo-te !
Lou Mistrau boufo : an ! dau ! ô Muso,
De la boudenflo carlamuso
Fai restounti li tres flutè.

— Escoutas-lou : quinto tèmpèsto !
Mount'es que vai ? de mounté vèn ?

Nous fus de mau coumé la pèsto,
E pamen t'amo, ô rèi di vèn !
Daumassi tu, din nosti veno
Un sang plus viéu de longo aveno,
E, sarnibiéu ! quand sies aqui
Din la Prouvènço, e que mestreges,
Em'un co d'alo nous aigreges,
'Tre que la cau nous aflanqui.

Es piéi pouli quand, i baragno,
Rounflo e reno toun revoulun,
Que coumé de telo d'aragno
Fai courre li blan nivoulun ;
Au bon cagnar d'uno auto ribo,
S'alor me couche, e se m'arribo
De pensamen malancouniéu,
Emé lou nivo e l'auro follo,
Moun amo alor plan-plan s'envolo,
Amoundau foun, ver lou bon Diéu.

Lis angeloun, lis angelico
De sis aleto m'an frusta ;
De can pu dous que la melico
Me fasien gau à-n-escouta ;
Li san e santo din la gloio,
Me fasien vèire li belloio
Dau Paradis qu'èi soun oustau ;

Subran una revoulunado,
Bourroularello, afurounado,
Ma rapela qu'ère mourtau.

Lou tèm es sourne de la póusso
Que lou Mistrau fai auboura;
Tout s'esbalanço, tout s'espóusso,
Lou fru tan bèu es afoudra;
Lèu coutas-lou 'me de fourcolo,
Se noun voulès vèire la collo
Pelado coumo un roucassoun.
— Guerindoun de poumo e de feuio
Que lusissien, après la pleuio,
Coumo un jouièu, aro, ounté soun ?

Vai din la Crau faire l'empèri,
O mèstre vèn ! — Din lou deser
Maladecioun e vitupèri
Noun t'esbramasson per lis er :
A pleno faudo aqui rambaio
Code e frejau, e coumé paio
Emporto-lèi din ta furour,
E pièi escampo ta faudado
Apèralin mounté l'oundado
Raco la sau e l'amarour.

"Tre que toun foui peto e bassello,
De mounté vèn que lou soulèu
D'un lançòu rougo encrubecello
Coumo un *Ce-homo* soun calèu ?
Quand vai laissa din la sournuro
E la mountagno e la planuro,
En ausèn toun siblé tan rau,
Aurié-ti póu qu'à ti boufado,
La pauro terro qu'a 'scaufado
S'afrejouligue, o Ventarau ?...

— Lou Mistrau es l'ange destrússi
Qu'au tèm de la desoulacioun,
Au mitan de tron e d'esclússi
Vendra 'scouba villo e nacioun ;
Es l'ange qu'après lou deluge,
Bouleguè tan lou grand gounflugo
Que fourcè l'aigo à s'idraca !
Se lou bon Diéu noun l'arrestèsse
E que Nouvè noun s'aplantèsse,
Lou patriarcho èro nega !

Quau seguira lou barrulaire,
Lou fouletoun descóussana,
Que fai voula lou gran per l'aire,
Avan que siegue meissouna ?
— Aurias plus lèu la dindouleto

Que nèdo en l'er 'me sis aleto
Miéu que la tenco din lou riéu ;
Aurias plus lèu l'aigo escapado,
Quand li rebouto soun crebado ;
Aurias plus lèu lou tron de Diéu !

Taisas-vous doun, auro marino,
E Tremountano, e Narbounés,
Vous que, per torse uno óumarino,
Fau que, pecaire ! vous danés !
Diéu vous faguè, mollis aureto,
Per caressa de la floureto
Lou boutouné.. ; mai lou Mistrau,
Lou faguè per bressa li roure,
E li grans aubro, enfan di mourre,
E per nen èstre la destrau !

F. MISTRAL.

Maillanne (B.-d.-R.), 28 août 1851.

LOU PANIER DE FIGUOS.

Per faire uno bouèno manièro
Au Mairo de soun villajoun,
Jean, un jour, mando uno panièro
De figuos, per Choix, soun nistoun.

Su d'un liè de fuèlos couchados,
Lou pecou rede coumo un I,
Èron boudenflos, coulourados,
Semblavon dire : Manjas-mi !

Aquel an, dedins la campagno,
Leis figuiers n'avien regourgea,
Et leis paysans de la mountagno
Èron sadou de n'en mangea.

L'enfant arribo ver lou Mairo
Que jugavo encaro de l'hui :
Lou reveillo en li dian : « Moun pèro
Vous mando aquèu panier de frui. »

De joio lou Mairo si founde :
« Moun bel enfan, ti remerciéu...
Mai voudriéu pas per tout au mounde
Que vous n'en privessias per iéu.

Ve, preferariéu te leis rèndre,
Se sabiéu que... » — « Nani, Moussu !
Sènso façoun poudès leis prèndre,
Car nouestreis pouarcs n'en vouelon plu ! »

MARIUS BOURRELLY.

Marseille, 2 août 1851.

L'ADIOU DOU CASSAIRE A LA BASTIDO.

Vèn de passa sus leis tillus
La lourdo capo de l'oûrage ;
Per l'escounjura, l'angelus
En van souano de l'Ermitage ;
Sus leis' cabanos deis cabriers,
La nèu tapo la moufo griso ;
Et, lou sèro, vèn plus la briso
Gangassar leis avelaniers.

La treyo, moun pàli d'estiou,
En renan, lou mistrau l'empouarto ;
Et per mi recrea, que viou ?
Que de mourouns de fuellos mouarto'.
Anarai plus passar moun tèmps
Dessouto lou pin que moundulo,

Puisqué parlo plus de Tibullo
Jusquo que vèngue lou printèmps.

Din moun couar, maugra la doulour,
Un riche souvenir s'escounde :
Où culte jouyous de l'amour
Avìou counverti tout lou mounde :
Deis cabanos fin qu'oû castèu,
Despuis sept mes fasìou l'empèri ;
L'aguèt qu'un côu que reçubèri
Dous famous soufló d'Isabèu !!

Se perfés lou jour, en cassan,
Èri vis deis gèns deis campagnos,
Touteis me venien oû davan ;
De pertout bandissìou leis lagnos ;
A touis leis paysans fasìou gau :
Èri lou plus herous deis ètros !
Mai rèn que leis gardos champêtros,
Mi fèron tres proucès verbau' !

Din lou valloun silencious,
L'oûssèu gemis dintre sa cauno ;
Deis niouros, lou rouve orgullous
Mando en tremblan sa fuello jauno;
Lou vala si vèn de candi',

Pertout l'hiver se manifèsto...
Adiou, bousquets ! moun couar vous rèsto...
Emé leis trouas de moun habit.

LÉONIDE CONSTANS.

Toulon, 29 septembre 1851.

LOU 9 THERMIDOR.

A MOUN MÈSTRE ROUMANILLE.

—

> Ah! dura terra, perchè non t'apristi ?
> DANTE (*Infern. c.* 33.)

— Mounté vas, emé toun grand coutèu ?
— Coupa de tèsto : siéu bourrèu.

— Mai lou sang a gisola su ta vèsto,
Su ti det : bourrèu, lavo ti man.
— E perqué ? Coumence mai deman :
Rèsto encaro à sega tan de tèsto !

— Mounté vas, emé toun grand coutèu !
— Coupa de tèsto : siéu bourrèu.

— Sies bourrèu ! lou sabe. Sies-ti paire ?
Un enfan t'a jamai esmougu.
Sèn' ferni e sènso avé begu,
Fas mouri li-z-enfan e li maire !

— Mounté vas, emé toun grand coutèu ?
— Coupa de tèsto : siéu bourrèu.

— De ti mort la plaço es caladado !
Ce qu'es viéu te prègo d'à-ginoun.
Digo-me se sies ome vo noun...
— Laisso-me, qu'acabe ma journado.

— Mounté vas, emé toun grand coutèu ?
— Coupa de tèsto : siéu bourrèu.

— Digo-me qute gous a toun béure ;
Dins toun go n'escoumo pa lou sang ?
Digo-me se quand trisses lou pan,
Creses pa de car faire toun viéure.

— Mounté vas, emé toun grand coutèu ?
— Coupa de tèsto : siéu bourrèu.

— La susour e lou lassi t'arrapo :
Arrèsto ! Toun coutèu embreca,

O bourrèu, pourrié proun nous manca,
E malur, se la vitimo escapo !

— Mounté vas, emé toun grand coutèu ?
— Coupa de tèsto : siéu bourrèu.

A' scapa ! Bouto à toun tour ta gauto
Su lou plo rouge de sang mousi.
De toun cóu li tento van cruci !
O bourrèu, qu'ouro ta tèsto sauto ?

Amoula de fres lou grand coutèu :
Tranquem la tèsto dau bourrèu !

TH. AUBANEL.

Avignon, 19 décembre 1851.

LEIS DOUAS VOUAS.

Aven douas vouas din la naturo
Que nous parlon differammènt :
L'uno vèn d'uno sourço impuro,
L'autro doû ciel es lou present.

Aquello es la crido doû vice,
Que camino à pas de geant
Su leis rouncis de soun supplice,
Per s'abymar din lou neant ;

Aquesto es de fermo sagesso
L'appel tant doux de verita,
Que nous reservo emé largesso
De tresors din l'eternita.

L'uno deis douas vouas, fado estrangi,
Per soun appui cérquo lou mau,
Et l'autro, puro coumé l'angi,
Doù bèn fa lusi lou signau.

Entre elleis existo per l'amo
Segur la pax, ou lou remord ;
L'uno es poutsoun, l'autro dictamo...
Es facile à choùsi soun sort.

Mai l'homme, esclavo, din sa vido,
Deis passiens que fant soun malhur,
Deis douas vouas suive la marrido,
Per perdre à jamai lou bouenhur !...

Vans plesis, prejugeas, fourtuno,
Fouels amours, desis mecountènts,
Rèn n'arrèsto la mouert coumuno
Deis êtros meissounas doù temps.

Et Diou, que fecoundèt l'espaci,
Que tènt tout clava din sa man,
Se gardara de faire graci,
Où jour na sènso lendeman.

Pamen la terro toujou viro

Din soun cercle souvèn nivoux...,
Es que Diou su ce que respiro
Vóu leissa trioumpha sa croux !

RICARD-BÉRARD.

Pélissanne (B.-d.-R.), 25 septembre 1851.

L'AIGLO E LOU QUINSOUN.

A MOUSSU DE FALLOUX.

SONNET.

Un matin, toûbéujus l'aubeto pounchejavo;
Escoundu 'péralin dins l'oumbro d'un valoun,
Galoi coumo un pissoun dins l'aigo, un auceloun
Per l'aureto bressa, su 'n brou d'éuse cantavo.

Queia sus un roucas, un aiglo, que sounjavo
A s'ennana bèn léu vanega 'péramoun,
De l'aucèu cago-nis augissié la cansoun,
E soun pichó piéu-piéu quenounsai l'agradavo!

Tan que l'aiglo venguè ie dire : « Se vouiés,
Içamoun, de toun can tu me regalaiés :
Vène ! — Dessu moun alo, an ! pauso toun aleto. »

Siegue di, siegue fa. Lou quinsoun dins li niéu,
Subran, afrejouli, piéutè sa cansouneto...
Bon Moussu, l'aiglo es vous, e l'aucoloun es iéu.

J. ROUMANILLE.

Avignon, 30 août 1851.

PRÈGO PER IÉU.

Prègo per iéu, bravo pichouno :
Dise bravo, et segur va sies,
Et bravo autant que charmantouno,
Amai mai, per va dire mies :
La vertu, noun la poulidesso,
Brilho d'un esclat toujours viéu.
Brilho douno, et dins ta sagesso,
　　Prègo per iéu.

Prègo per iéu, ajulinado,
De bon matin, davant toun Christ,
Puro, fresquetto, courounado
Deis rayouns de l'aubo que ris.
Emé l'encèns deis flous nouvellos

Quand toun amo mounto vers Diéu,
Perletto dels viergis fidèlos,
  Prègo per iéu.

Prègo per iéu, au sacrifico,
Toutels los jours renouvelat,
De Jesus per nouesta malico
Entré dous layres clavelat.
Helas ! quand lou celèste Paire
Sousto pas mai soun divin Fléu,
Se, de fes, me lagne, pecaire !
  Prègo per iéu.

Prègo per iéu, leis jours de fèsto,
Que, touto aliscado de blanc,
Courouso, enrouitado, moudèsto,
Sèmbles un seraphin brulant.
Ah ! mai d'un cop, sus toun passagi,
Se moun regard cerco lou tiéu,
Pardouno-me ; se noun siéu sagi,
  Prègo per iéu.

Prègo per iéu, quand ta vouex treno
A la glèiso, un cant pietadoux,
Maridant els souens do l'ourgueno
De souens cènt-millo fes pus doux.
S'à-n-aquello vouex angelino,

En Paradis ièu me creiriéu ;
S'encaro l'ange dire... Zino,
    Prègo per ièu.

Prègo per ièu, quand, devoutetto,
Leis mans jounchos, lou front vouclat,
De purs desirs l'amo caudetto,
Au sant festin vas t'entaula'.
Se voues que, de fes, t'accoumpagne,
Que toun bonhur sièguo lou miéu,
Que dau pecat me desbaragne,
    Prègo per ièu.

Prègo per ièu, assadoulado
Dau pan dels sants, dau pan d'amour,
Mysticament, viergi accoublado
A Jesus memo, toun Signour.
Dau cier mounté nèdo toun amo,
Espincho au fangas mounté siéu ;
Entènde la vouex que te bramo :
    Prègo per ièu !

Prègo per ièu, quand, sus la bruno,
Temps prouplce au reculhiment,
A la glèiso, ta man degruno
Lou chapelet devotament.
Ièu, triste, plantat sus la couello,

Au jour que parte disc adiéu ;
Moun couer plouro, et degun l'assouclo !
  Prègo per iéu.

Prègo per iéu, à ta capello,
Nouesto-Damo-de-bon-Secous,
Que fas brilhar mai que mai bello
Au mitan deis lume et deis flous.
Digo-li que de ma litocho
Luènch coussege l'Esprit catiéu :
(Ah ! lou marrias, es tan finocho !)
  Prègo per iéu.

Prègo per iéu ! noun te poues crèire
Coumo, lou paure ! n'ai besouin :
Vè ! ma vertu n'es que de vèire,
Et que sournièro ma resoun.
Prègo per iéu, matin et sèro,
La nuèch, lou jour, hiver, estiéu ;
Encaro en tu moun amo espèro :
  Prègo per iéu !

A. D. CROUSILLAT.

Salon (B.-d.-R.), 11 mai 1851.

L'AIGA BOUILLIDA.

A M. A. BOUDIN.

Lou moulinié de Pon-Trincat
Avié sa fenna un pau malauta
D'una frechou din lou coustat;
El souffrissié d'un mau de gauta.

Certain douctou, que ye venguèt,
Touquèt lou pous, et counseillèt
A toutes dous... una soupeta !
— Prendrés una aiga bouillideta.

— Et ma fin, qu'es din lou brès,
A de vermes ? que ne disès ?

— Dounarès à la manideta
Tambèn soun aiga bouillideta.

— Par Diou ! Moussu lou medeci,
Diguèt lou varlet dau mouli,
Vostra counsulta es pa finida :
La roda pot pa pus virà...
S'ensajaven de ye baila
Una pichota aiga bouillida.

A. MOQUIN-TANDON,

(*Mainteneur des Jeux floraux,
Correspondant de l'Institut*, etc.)

Toulouse, 5 octobre 1851.

MARIAGI DE ROSINO ET DE JEANET.

Angi d'amour, jouino et gènto Rosino,
As pres un pastourèu, et lou vas rèndre hurous.
Nouestre-Signour a, de sa man divino,
De vouestro union liga leis nous.
S'as per tout bèn, galo pastresso,
Qu'uno cabreto, un parèu d'agnelouns,
Counsouelo-ti!... S'as ges de picaillouns,
As un couar qu'es prouvi de vertus, de sagesso :
Aquò vaut mies que la richesso.

. . . .

O pastouro, lou mariagi
A baudro sur la vido espausso seis favours,

Quand marit et mouilhé toujours
Soun vertuous et sagi.

Quand, coumo tu, la fremo a pas reçu de Diéu
Aquèu bèu tresor en partagi,
L'infer lojo dins soun meinagi,
Et touis seis plus bèis jours soun abéuras de féu.

Mai tu qu'as reçu de toun paire,
Et de ta bravo maire,
De tant bouencis liçouns,
Rosino, ansin faras quand auras de pichouns:
Aquèu doux fruit qu'à l'oumbro dau mariagi,
Cueillès après doux cènt-septanto jours,
Aquèu presènt dau ciel, aquèu riche heritagi
Benira teis amours.

Et tu, brave pastour, qu'as fach teis estrapiados
Dins lou couar de Rosino, aquèu mourroun tant fin!
Si voues la rèndre huroué, dins lou bèn dau vesin
Fagues jamai teis piados.

Souvèns-ti bèn, Jeanet, que nouestro religien
Proucuro lou bouenhur, vèjo la beneranço,
Et que deis malhurous es l'ancro d'esperanço,
Et per nouestre avenir uno counsoulatien.

. . . .
V'autreis que, coumo iéu, deis jouvèns maridas
Eis nouèços sias counvidas,
Que vouestro joio s'espandisse !
Qu'eici cadun de soun couar espelisse
Per leis novis de chants galoi,
Et que lou chagrin, tron d'un goi !
D'aqueste sejour si bandisse.

De doux couars enliassas faut cantar leis amours;
De flours de touto meno envirautem seis tèstos ;
Celebrem, celebrem la plus bello deis fèstos,
En s'engourgant de vins de touteis leis coulours.
Quand sauriam, meis amis, de pescar de ganarros,
Sur la mar de Bacchus soumbrar, passar per hui,
Faut que lou moust, de tout caire aujourd'hui,
Au bru dau tambourin et de nouestreis fanfaros,
Deis acubiers nous giscle et regoulre deis narros.
Buguem, buguem au sant parèu,
Fin que siguem redouns et tout rouges de caro,
Et que l'echó dau bau deman redigue encaro :
Visque lontèmps Rosino, et soun homme perèu !!

P. DELLOT.

Marseille, 18 *juillet* 1851.

LOU BON REMÈDI.

CONTE

'TIRA DE L'ARADE.

I

Un jour, un Rèi avié 'n enfantouné
Qu'èro toujou, toujou malautouné.
De mai en mai l'enfan perequitavo :
Li-z-iu maca, lou visage avani,
Tetavo gaire e de longo plouravo ;
De mai en mai lou vesien dementi.
Li medecin que faguèron veni,
Davan lou mau fin que d'un s'encaleron....

(Èron pamen li miou qu'atroubèron);
L'enfan n'avié pu qu'à bada-mouri !

Au pè dau lié, galoiso, afurounado,
La laido Mort dejà s'èro aplantado,
Per èstre lèsto au moumen que fou ié ;
Nen avié l'aigo à la bouco, e risié !..
E noste Rèi soufrissié lou martire !
Quaucun alor, ie fai : « — Ai augi dire
Que ia 'n bon vièi qu'a reçu d'amoundau
Lou sant poudé de gari li malau.
Rèsto au fin-foun d'un deser, ce que dison ;
Ie manco pa de gèn que se ie fison.
S'ai un counsèu que vous posque douna,
Counselaièu de lou manda souna.
Ei vrai qu'es vièi ! mai fara lou vouiage ! »

Pa pu lèu di, lou Rèi mando quaucun
Per destousca noste sant persounage...
Aqués, maugra la cargo de soun age,
Di que ie vai ; aganto un rebatun ;
Part tatecan... Arribo, e ie fan vèire
Lou malautoun : « — Vò, se me voulès crèire,
Diguè lou vièi, voste enfan garira ;
Mai siegue bas, se nen pòutirara.
E per acò, brave Rèi, que fau faire ?
Fau saupre se, dins tout voste terraire,

Noun poudreias atrouba 'n ome urous.
Perdès pa tèm, vesè, despachas-vous !
Fau que sauvem aquel agnéu, pecaire !
Ana furna dins li caire e cantoun,
Pièi quand aurés atrouva mounté niso,
Achetaié (lou poudès), sa camiso ;
Cubrissè-nen vosto paure enfantoun.
Es lou soulé remèdi que counèisse.
Aro, adessias ! Pourtas-vous bèn ! Vous lèisse !.. »

II

Per faire alor coumo avié di lou vièi,
De tout cousta parton li gèn dau Rèi.
E d'en proumié cresèn que la richesso
Souleto póu proucura lou bonur,
S'en van plea, per èstre pu sègur,
Aqui mounté la pecunio es espesso,
Voulount-à-dire i-z-oustau di richas.
Aguèron, paure ! un famous pan de nas !
Car di richas pa-v-un que s'atroubèsse
Urous au pouin que foulé que siguèsse;
Pa-v-un que noun quaucourèn te manquèsse !
Aquéu, cresèn de n'avé li talèn,
Auié vougu-r-èstre nouma ministre.
E iéu noun sai queti proujè sinistre
Per l'arriba, trevavon dins soun sèn !

Aquès avié croumpa fumo marrido
Que ie fasié prendre en desgous la vido.
Un pau pu liun, 'me si dé loungaru,
Un avaras coumtavo si-z-escu ;
A faire acó si man s'èron gausido :
Coumo un cadabre èron jauno e passido,
Fasien escor, dounavon lou desgous !
Un ome ansin noun poudié-r-èstre urous....
(Me l'anien di, l'aniéu pa vougu crèire !)
« Acó n'es pa l'ome urous que cerquem,
Fan nosti gèn, estouna.... pensa-vèire !
Anem pu liun l'atrouba, se poudem ! »

Tres jour ansin adèrèn caminèron ;
Bousquèron tan qu'à la fin s'alassèron,
Sènso èstre mai avança qu'en partèn.
A s'entourna pensèron tout d'un tèm.
Coumé la niu toumbavo, counvenguèron
Que partirien lendeman de matin,
E per coucha quauquo part s'entrevèron :
Es gaire san de coucha per camin !

III

Fresco, galanto, entré quauqui platano,
Noun liun d'aqui, s'escoundié 'na cabano.
Maugra la niu, se vesié blanqueja.

Li gèn dau Rèi ie van cadauleja :
Cri-cra ! subran nien an duber la porto....

« Despièi tres jour, bravo omo, siam per orto;
Dison, es niu ; siam las, siam maucoura...
Nous pourrias pa douna la retirado ? »
« Intras, Messius : ma porto èi pa sarrado
I pauri gèn, coumo vous esmara.
Partejarés , s'avé fam, coumè crese,
Noste pan negre e nosto oulo de cese... »
Rintron , e lèu sieguèron ataula :
De pan, de cese, em'un pau d'oûmeleto,
Plèi, quauqui nose em'un tro de fourmeto,
Ah ! n'iaguè proun per li bèn regala !
(Quand avès fam manjala de calado !!)
'Tre que sa fam se fuguè 'n pau calmado ,
Li gèn dau Rèi se demandon : « Quau sau ?
Içò belèu es l'omo que nous fau
Per poûtira de la mort à la vido
Lou paure enfan de nosto paure Rèi !
Saté proun tèm , capouchinas de lèi !! »

A l'oste alor, que le coumpren pu gaire ,
Dison : « Veguem, bravo omo, sias urous ? »
Sa fumo di : « Vesès, nous autri dous
Siam pa coussu, mai siam de travaiaire ,
E rustiquem : lou traval, bèn segur !

E la santa, fan-ti pa lou bonur?

En augissèn 'quelli quauqui paraulo :
« Jus au moumen que desesperaviam,
Fan nosti gèn en pican su la taulo,
Avem trouba l'ome que cercaviam !!
Siam dins l'oustau mounté lou bonur niso..!! »

IV

Mai l'ome urous... avié ges de camiso !!!..

A. GAUTIER.

Tarascon (B.-d.-R.), 6 septembre 1851.

PER TOUSSANT.

A EMILO BOISSY-DUBOIS.

> Per Toussant
> La fre 's au cham.
> (PROUV.)

Tout se passi, tout gingoulo ;
　　La piboulo
Jito sa feuio au Mistrau ,
Plugo coumo uno oumarino ,
　　E crecino
Au rounfla dau Ventarau.

Au cham ia pu gi d'espigo ;
　　Li fournigo

Sorton pu foro si trau,
Alongo pu si banclo,
La mourgaeto,
S'estrèmo dins soun oustau.

Su l'èuse gi de cigalo :
La fre jalo
Si mirau e sa cansoun;
L'enfan de la granjo plouro :
Gi d'amouro,
Gi de nis dins li bouissoun.

Mai un vòu de couqueiado
Esfraiado
Mounte e piéuto dins li nieu ;
Li chin japon ; de tout caire
Li cassaire
Tiron de co de fusieu.

Dins lou rountau qu'esvalisson
Restountisson
Li destrau di bouscatié ;
L'auro boufo la fumado,
La flamado
Di fournèu dau carbounié.

Noun s'esmaro à la pasturo,
Su l'auturo,

Lou troupèu dins li-z-armas ;
Lou pastre embarro si fedo
　　　Dins li cledo,
Tanco la porto dau jas.

Li-z-ome au cagnar fustejon
　　　E flasquejon ;
Au soulèu contro un paié,
Ia 'n bèu roundelé de fio
　　　Que babio
E treno de rès d'aié.

Darrié li boi sènso oumbrage,
　　　Sèn' ramage,
S'es escoundu lou soulèu ;
Dins li vigno rapugado
　　　E poudado
Li fumo fan de gavèu.

Li paure acampon de busco
　　　E de rusco,
Daumassi fai gairo cau !
Van rouda per li vilage,
　　　Li minage,
Las, esplandra, descau.

A la chato maigrinèlo,
　　　Ourfanèlo,

Baia quaucourèn : a fam ;
Dedins sa man palinouso
    E crentouso
Laissa toumba 'n tro de pan.

Fasè d'aquela fournado
    'Na faudado
A la vèuse qu'es en plour :
Elo jamai fai farino,
    Ma vesino ;
Jamai a de culeucho au four.

— Lou tèm es negre à la baisso...
    Quta raisso !
Tronò, plóu, lou Rhose crèi ;
La Mort camino, es en aio :
    De sa daio
Sego li jouine e li vièi.

TH. AUBANEL.

Avignon, le 10 novembre 1851.

UNA COURSO DE BIOU.

A MOUN BON AMI ROUMANILLE.

Pople de Prouvènço,
La bono chavènço !
Fan courre li biòu !
Escalo à-cha quatro
Li pèiro dau tiatro
Qu'es plen coumo un iòu.

Galantis arlatencó
Qu'an lou jougne tan prin,
Di calour avoustenço
Noun cregnon lou verin.

Soun riban que brio
Fai dessu l'aurio
Lou bericouqué :
Amoun su l'auturo,
Sèmblo una centuro
De pouli bouqué.

Belli Prouvençaleto,
Vèngue un biòu enrabia !
E siegués risouleto,
Li for se faran tia !

La porto es duberto :
L'esquino cuberto
D'un vòu de varoun,
La bèsti furouno
Sor de soun androuno,
E par din lou roun,

Quau toucara, l'engreno :
Oh ! tè ! oh ! tè ! velou
Que lampo din l'areno,
En ourlan coumo un lou !

Quand darrié vous lampo,
Se vous pren la rampo,
Malur i rampous !

Din soun escaufèstre,
Amarien mai èstre
Au fin foun d'un pous.

E li bramarié crèisson :
Oh ! tè ! oh ! tè ! vai-ie !
Mai bon ! li for parèisson,
En mancho, e prin souiò.

Din sa courso adrecho,
L'un de la man drecho
l'arrapo la co ;
Su lou tafanari
Dau negre bestiari
L'autre mando un co.

E l'uei dau biòu s'allumo ;
A li jarré tiblan,
Chaurio, e de l'escumo
A lou mourre tout blan.

Aro de cènt lègo
Vèngue de coulègo
Ie faire quicon :
Es aro que veson,
Aro que souspeson
Lis ome de bon.

Nous fiches plus en caire,
'Me vostis Espagnòu!
Aven d'ome, à Bèucaire,
D'ome per ana 'i biòu!

N'ia que, din soun courre,
Te danson au mourre:
(Es pa li moussu);
N'ia qu'an tan d'engano
Que, sèn' vedigano,
Te tocon lou su.

Lou banaru s'eigrejo,
E coumé pren lou van,
Lou coupon: flòu! mourrejo
Per sóu iladavan.

Enrabia, s'aubouro,
Di bano labouro
La pòusso dau roun:
— Li ferre! li ferre!
Gardian, anas querre
Vosti fechiroun.

Mount'èi que sias, ô *Soupo*,
O *Santen*, ô *Peirou*,

Valènto e bono troupo,
Grand toumbaire de biòu ?

Tout coumé l'oûrame
Que sego lou grame
O ver o madur,
Fau qu'un biòu recule,
O nostis Ercule
Lou mouçaran dur !

Courba dessu si lanço,
Una cambo à l'arrié,
Mafisto ! an la semblanço
De bravi chivalié.

L'enfan di sansouiro
Cour su la feçhouiro
De mourre-bourdoun :
Lou gardian l'amiro,
E vous lou reviro
'M'un rude lardoun !

Lou paure biòu, pecaire !
Relèn, ensaunousi,
Espincho de tout caire
Un rode per fugi ;

Car, fóu de la rabi
De se vèire en gabi,
Crèi vèire de liun
Li belli vaqueto
Barrula souleto
Din la grand' palun.

Tambèn, quand din l'areno
Lou *doumtaire* es bandi
Ver lou biòu que s'areno
Dau co tout enlourdi;

Ensèm ver l'estable
Parton coumo un diable,
E subran parèi
Un nouvèu courraire
Que di biòu, si fraire,
Semblo estre lou rèi !

Au fron a la coucardo:
Ami, per l'arrapa
Su la tèsto banardo,
Quau se fara 'stripa ?

An ! zóu ! à l'oubrage !
Fau qu'iuèi lou courage
Fague de jalous !

Fau qu'à Barbentano
San-Gillo e Maussano,
Se parlo de vous.

Su la bèsti banardo
An parti tout d'un tèm....
Bravo ! an pres la coucardo :
Un Castèu-Renardèn !!

F. MISTRAL.

Maillane (B.-d.-R.), 15 septembre 1851.

LOU PAPIÉ MARCAT.

A M° S. GEOFFROY-SAINT-HILAIRE.

Un viel avoucat de Toulousa,
  Homme generous, plaidejèt
  Per una fenna malhurousa,
  Et lou proucès reüssiguèt.

La pauro fenna, fort counténta,
De tout soun cor recounouissènta,
  Venguèt per lou remerciá,
  Et vouié mema lou pagá.
  — Vole pa res; es inutile;
  Vostre proucès... èra facile !

N'ai prou de vostre gramecis ;
Toucas la man, acó suffis !

Et nostra viéia lou pressava,
Et l'homme de léi resistava....
— Mais au men, Moussu l'avoucat,
Que pague lou papié marcat ?
— Lou papié marcat ? ah ! per moia ;
Lou croumpan en gros, à la fes,
Et nous revèn ansin, la fiola
Prèsque à pati patà pa res !

MOQUIN-TANDON.

Toulouse, 8 octobre 1851.

LOU LIS E LA VIOULETO.

A M. MOQUIN-TANDON, PROFESSEUR DE BOTANIQUE A
L'ÉCOLE DE MÉDECINE DE TOULOUSE, CORRESPONDANT
DE L'INSTITUT, MAINTENEUR DES JEUX FLORAUX, ETC.

FABLO.

Su lou bord d'un riéu cascaiaire,
Un bèu lis is urno d'argèn,
Dins si mouamen saludaire,
De l'aureto amourouso emboûmavo l'alèn.
Uno moudèsto vioûleto,
Poulido naneto,
Èro aqui procho d'èu,

Qu'espandissié sa raubeto
>Bagnadeto,
Dins un raioun de soulèu.

Quand aguè'eissuga sa parpèlo
Di perlo humido de la pieu,
E que veguè davan sis ieu
Mounta dins l'air la flour tan bèlo,
— Qu'èro lou lis, soun fier vesin,
Dins soun cor n'aguè de chagrin.
S'oûbourèn su soun pé, subran ie fai ansin :
— « Ah ! digo,
Ma sœur, qu'as bèn agu l'afla
Doû Creatour, quand éu t'a fa !
Coumé sa man es estado proudigo
Per tu, de si tresor !
Richo campano e poudro d'or
Balances où bout d'uno bigo !
Graço à ta majesta, graço à ta bono oûdour,
A ta bèlo blancour,
Symbolo d'inoucènço,
Pertout venèron ta presènco,
Pertout sies coumblado d'hounour !
Habites li palai, li grando cathedralo,
L'oûtar vounté Jesus descèn !
Bries à la man virginalo
De san Joûsè, de sa jacèn !

Se de la puissanço divino
La font poudié s'agouta,
Creiéu qu'a coumença per ta flour blanco e fino',
E que per iéu n'a rèn resta !
Per iéu que siéu tan pichoteto,
Malauteto,
Toustèm habfado de vu,
Que sèmblo qu'ai ploura per avé ma raubeto
De calicó blu !
Entré la tréflo e la coûssido
Coumo uno pauro flour de pra,
Per touto man iéu siéu culido:
Lou fóu soufri, bon gra, móugra. »

— «Ma sœur, respond lou lis, te plagnes de drudiéro,
Quand te plagnes ansin :
Ah ! que balaiéu bèn ma plaço oû santuèro,
Per agué toun destin !
A touti li bouqué qu'un sentimen coumposo,
As ta plaço d'ounour
A cousta de la roso,
Qu'es la rèino di flour ;
Sies de touti li gèn, sies de touti lis age ;
A touto boutouniero as dre de t'estala ;
Te chales oû mitan de touti li coursage ;
I bouco di jouvèn l'on te vèi pendoula ;
Tu sies oûtan bèn aculido

Di pichó que di grand, per ta simplicita ;
Anfin, as ce que fai lou bonhur de la vido :
La popularita ! »

Nosto pichoto floureto,
En s'entendèn ansin vanta,
Per la proumiero fé se crèi d'èstre grandeto ;
Se n'èro pa vioúleto,
Se passlé de vanita !
Elo se dit ! — « Siéu counsoulado ;
Vole èstre plus jalouso e viéure resignado ;
A l'aveni, li gèn oúran bèu èstre hau,
Veirai pertout que mis egau :
De malherous, de frèro.
Quand voudrai espincha segur pus hau que iéu,
Eilamoun dins lou ciel regardarai moun Pèro :
D'un bound m'oúbourarai à Diéu ! »

AUGUSTIN DOUDIN.

Avignon, 3 décembre 1851.

LI DOUS SERAFIN.

A M TH. BLANC, CURA.

Quand li pastre adouravon,
A Bethelèm, lou Diéu enfan,
Vici ce que cantavon
Dous blan serafin en plouran.

UN :

— « S'aquel enfan plouro, pecaire !
Dessu li ginoun de sa maire,
Sabe ce que lou fai ploura :
De Jèsu l'amo divino
Devino
Que soun fron un jour saunara
Souto una courouno d'espino. »

Quand li pastre adouravon,
A Bethelèm, lou Diéu enfan,
Vici ce que cantavon
Dous blan serafin en plouran.

L'AUTRE :

— « Voulè pa que moun cor fernigue,
Que l'enfantoun ploure e gemigue,
E que plourem, nous autri dous ?
De Jèsu l'amo divino
Devino
Qu'alestisson deja la croux
Que le macara li-z-esquino ! »

Quand li pastre adouravon,
A Bethelèm, lou Diéu enfan,
Vici ce que cantavon
Dous blan serafin en plouran.

TOUTI DOUS :

— « Velaqui clavela, pecaire !
L'Ome-Diéu se plan à soun Paire,
E plouro, dins si mau afrous :
De Jèsu l'amo divino
Devino

Que d'ome riran de sa croux
E de sa courouno d'espino ! »

Quand li pastre adouravon,
A Bethelèm, lou Diéu enfan,
Vaqui ce que cantavon
Dous blan serafin en plouran.

J. ROUMANILLE.

Janvier 1848.

LOU JOUR DI MORT

I-Z-ALISCAM, EN ARLE.

La sourniero espelis adeja dins la plano;
La machoto fai *chou*, vounvounon li tavan;
La naturo es en dóu, e li clar di campano
Fan restountti li-z-er de soun balin-balan.

Es la fèsto di mort... Sou' li jauni platano,
Dòu èstre brave, hieui, de prega' i-z-Aliscam !
l'ancin... Quan de toumbèu fan som-som dins l'andai
Mai dequé ia dedins ?... La póusso dau néan...

Ah ! l'ome mai que mai es claft de misèri !

Ia pu 'n pèu de soun corp; pamen au samentèri,
Sèmpre rèsto la pèiro ounté l'an entarra;

Mai s'aubouro una voix dau fin foun de sa toumbo,
Que di : « Coumo l'aucèu d'un grand roure afoudra,
L'amo s'envolo amoun quand lou cadabre toumbo. »

MANDADOU

A MOUSSU SAINT-RENÉ TAILLANDIER.

Vous que poutouneja li Muso d'Alemagno,
Vous, l'ami de Brizeux, de Laprade e Barbié,
Avès ama perèu la Muso di campagno,
E i'avès mes au còu lou pu riche coulié.
Daumassi qu'aquèu doun es una merevio,
La Muso n'es gloutouso e vous nen benesi...
Iéu que, pecaire! ai rèn que moun cor per genio,
Bon Moussu, laissa-me vous dire gramaci.
Noun vène vous canta : me farien la bramado !
Mai vous mande un bouqué qu'ensèm avem culi
'Me Roumanille e vous, en Arle, una vesprado...
Oh! que sarai galoi, se l'atrouva pouli !

E. GARCIN.

Tarascon (B.-d.-R.), 3 novembre 1851.

LOU BAL.

BALADO.

Lei piboulo doû çamentèri
Saludon-ti lei trepassa ?....
S'avè póu dei pious mistèri,
Passa pu hieun doû çamentèri,
Passa lèu, meis ami, passa !

Dei blan toumbèu doû çamentèri
Lei couver se soun revessa...
S'avè póu dei pious mistèri,
Passa pu hieun doû çamentèri.

Su lei toumbèu doû çamentèri
De fantomo se soun beissa...

S'avè póu dei pious mistèri,
Passa pu hieun doû çamentèri.

Lei fantomo doû çamentèri
An de lon bras maigre escussa...
S'avè póu dei pious mistèri,
Passa pu hieun doû çamentèri.

Tiron lei mor doû çamentèri
De sei linçóu qu'an estrassa...
S'avè póu dei pious mistèri,
Passa pu hieun doû çamentèri.

Su lou gasoun doû çamentèri,
Touti lei mor se soun plaça...
S'avè póu dei pious mystèri,
Passa pu hieun doû çamentèri.

Toutei lei mor doû çamentèri,
Frère mu, se soun embrassa...
S'avè póu dei pious mistèri,
Passa pu hieun doû çamentèri.

Èi la fèsto doû çamentèri :
Lei mor se meton a dansa...
S'avè póu dei pious mistèri,
Passa pu hieun doû çamentèri.

La luno èi claro : où çamentèri,
Lei vierge cercon sei fiança...
S'avè póu dei pious mistèri,
Passa pu hieun doû çamentèri.

Atrovon plus où çamentèri
Sei calignaire tan pressa...
S'avè póu dei pious mistèri,
Passa pu hieun doû çamentèri.

O ! drubè-me lou çamentèri :
Leis ame, lei vóu caressa...
S'avè póu dei pious mistèri,
Passa pu hieun doû çamentèri.

Mè, din lei cros doû çamentèri
Lei mor se vènon d'enfounça...
S'avè póu dei pious mistèri,
Passa pu hieun doû çamentèri.

Lou vèn gingoulo ; où çamentèri,
Lei vierge soulé m'an leissa...
S'avè póu dei pious mistèri,
Passa pu hieun doû çamentèri.

Mè, l'an que vèn, où çamentèri,
Am' elei me veirè dansa...

S'avè pòu dei pious mistèri,
Passa pu hieun doù çamentèri,
Passa lèu, meis ami, passa!

CAMILLE REYBAUD.

Nyons (Drôme), 2 novembre 1851.

LEI DOUS PAYSAN A TIVOLI.

— Mau tron de l'er quand siéu vengu
Dins aquesto bastido ! A men d'avé begu,
   L'on póu pas s'èstre laissa faire
Ce que mi fan eici !... Mi vire de tout caire
Per vèire se quauqu'un mi pourrié pa'nsigna
   Lou bregan que m'a fa peta
Tout ce qu'aviéu dessus: mouestro, pèço, mounedo,
   Et m'a laissa la pocho redo !
Au men, se l'on poudié s'adreissa'n quauque endré
   Per pousqué reclama soun dré !
   Fau que lei gèn de la pouliço
   Agon avala la saucisso,
   Vo que si lèvon de davan...
   O raço de marespravan !
   Amo pu negro que la sujo !
   Mai siam doun eici coumo à Cujo,

Vo dins lou bouès de l'Esterèu,
Mounté vous laisson que la pèu?
Eh bèn ! aquelo es un pau fouarto !
Vau faire un malur à la pouarto !!...

— Dau tèm que Pau juravo ensin,
Arribo soun ami Garcin
Que si fa counta l'aventuro,
Et que li dit : — Moun cher, se sabes li lituro,
As tort de prendre un marri jour,
Car avan de brama, toujour
Si fau rèndre compte dei cavo.
— Coumo ! soun pas de resoun gravo,
Quand diéu que toutesca m'an cura coumo un brus !
Alors, aurias vougu que me laissèsson nus ?
— S'agisse pas d'acó, moun ami Pau ! Escouto :
Au luè de resta tèsto souto,
Emé lei bras pendèn et leis uèi de coustié
Coumo uno cabro à l'agounié,
Quand durriés preno un torticoli,
Liège ce que l'a, adau.
— Adau ? un mes TI-VOLI....
— Ti voli ? Eh bèn ! coudoun, si fourra counsoula :
T'avien prevengu. Sies voulà !

G. BENEDIT.

Marseille, 23 janvier 1852.

LA CIGALO ET LA FOURNIGO.

FABLO.

(Traductien de La Fontaine.)

Pensant pas à la fringalo,
Après aver, la cigalo,
Tout l'estiou fa que cantar,
Si trouvèt pas mau lougeado,
La biso estèn arribado
D'aver plus rèn à pitar :
Pas la mendre parpaiòlo
De mousco vo de mouissolo !
La battié !... Si vèn jittar
Su leis pas de la fournigo,

La pregant de li prestar
De grans uno malo brigo,
Per anar fin qu'eis meissouns,
Que naissirant leis mouissouns.
— En aquèu temps, dis la damo,
Vous pagarai, su moun amo !
Interèst et principau.
Anem, mi fès pas liguetto :
Rouinarai pas voueste oustau.
— La fournigo es pas dounetto :
Es soun pu pichot défau.
Li diguèt : — Quand carrejavi,
Au pu foner de la calour,
Qu'es que fasias tout lou jour ?
— Dau matin au souar cantavi :
Avès ausi ma cansoun ?
La trouvarias pas poulido ?
— Cantavias ? N'en siou ravido :
Dansas aro un rigoûdoun.

J.-J.-L. D'ASTROS, D. M.

Aix (B.-d.-R.)

LOU CHI GUERIT.

A M. GOUDET.

Una miola que reguinava
Blassèt lou pè drech, de davan,
D'un paure chi, que changoulava,
Tenguèn en l'air soun pè sanglan...

Un medeci lou vèi, l'emporta
A soun lougis, et lou tratèt
Talamen bèn que se rapporta
Que din yoch jours lou gueriguèt !
Tout rejouit de l'avantura,
Mettèt defora nostre chi...

Dous ans après aquela cura,
Près de sa porta, un bèu matí,
Entèn de bruch : quicon gratava...
Douvris, et vèi... tout pietadous,
Lou chi guerit que io menava
Un autre chi qu'èra bouitous !

A. MOQUIN-TANDON.

Toulouse, 13 octobre 1851.

A LA SANTO VIERJO MARIO.

ODO.

AU TROUBAIRE TH. AUBANEL.

A tu moun dernié can, santo Vierjo Mario !
Vène me lou sousta, car, pecaire ! que siéu
Per canta ti grandour, celèsto mercvío
    Qu'as pre per l'ieu meme toun Diéu ?
    Dedins toun cor pa gis de taco ;
    Proumiero vierjo , toun estaco
    Èro touto per toun Signour ;
    Ver éu mountavon ti pensado ,
    E ta bèlo amo èro abrasado
    Souto l'alen de soun amour !

Se repentiguè plus d'avè bouta su terro
Ti fraire penadou , nascu dau sang d'Adam ;
Toùbèujus t'aviò vi qu'amoussè sa coulèro :
    Sourtiés tan bèlo de si man !
    Per vóu li-z-ange partiguèron ,
    Dessus toun brès se balancèron ,
    Se miraiavon dins ti-z-ieu',
    E disién : Mirau de justici,
    Ti rai faran fugi lou vici,
    Es tu qu'embandiras la nieu !

Diga-me doun perquó li pople tresanèron ;
Ange dau Paradis, perquó trefoulissias ?
Perqu'èi que nosti paire i limbo s'espantèron ?
    Demoun, per dequ'èi qu'ourlavias ?
    La Vierjo que nai èi l'estèlo
    Qu'aiuncho de l'estèu la vèlo ,
    Èi lou lume que meno au port ;
    Dau ciel elo a drubi li porto;
    Es elo qu'es la freno forto
    Qu'au serpèn dounara la mort !

De l'aubre mourtinèu malauto soun li branco;
Si flour soun palinèlo e si brou soun passi...
Tu nen sies lou fivèu que pamen s'esbalanco

Souto lou fru que trelusi :
Es que toun cor, Vierjo divino,
Rebutó l'ourgui qu'enverino,
Car ver toun Diéu vouiés mounta :
Sachères bèn chausi ti-z-alo,
Couniguères la bono escalo,
L'escalo de l'umilita !

Demanda mountó vai l'enfantouné que passo :
Palai, grandour, bèuta, glori, richesso, ounour,
Laissa toumbalou bru qu'à vosto entour s'amasso...
    Mario sonjo qu'au Signour !
    Es per èu qu'au tèmplo camino,
    Per èu que soun pè s'amatino,
    E per presèn ie vai pourta
    La floureto la pu requisto,
    Que s'escoundié lïun de la visto :
    La perlo de virginita !

Mai noun, reçauprés pa lou presèn de Mario :
Au rèi Dàvi, soun paire, avès proumé, Signour,
Que d'un de si felen sourtejé lou Messio :
    Aiunchés plus aquèu bèu jour ;
    Fasès qu'acó posque vous plaire,
    De baia l'enfantoun per maire
    Au Rèi que nous disès tan bèu ;

Que tendra 'n man vosta coulèro,
Que vira li rèi de la terro
A si pè servi d'escabèu.

Perqué te sies drubert, ô ciel! de qu'as d'estrange?
Per quau soun li councer, ti can meloudious?
Mount'èi que vai Grabié, lou proumié de li-z-ange,
    A travè di niéu radious! —
    Vai anouncia lou grand mistèri;
    Lou Verbo pren nosti misèri;
    Una Vierjo vai enfanta;
    L'Adounai la noumo sa fio,
    E lou Sant-Esprit dins Mario
    Fecoundo la virginita!

Noun fugués envejous de sa glori naissènto...
Se li-z-ange, ilamoun, celèbron si grandour,
Içavau, de Simoun que la voix èi doulènto!
    Moun Diéu! quta mar de doulour!
    Ti tourmen, quau li saurié dire?
    Sies bèn la Rèino di martire!
    E se Diéu t'a tan auboura,
    Es per paga ti sacrifici,
    Ei qu'as pouscu beure au calici
    Mounté toun Fiéu s'es abéura!

Quand dau sang de Jesus la croux èro arrousado,
E que, drecho à si pè, sus èu li-z-ieu 'staca,
Fasiés taisa ti plour, Maire descounsoulado,
 Maire au cor sèt fes trafiga ;
 Li doulour su tu s'acampèron ;
 Ti forço, tambèn, grandiguèron
 Souto lou sang de l'Home-Diéu ;
 Ta carita toujou relènto
 Ver Diéu mountavo tremoulènto,
 Soustan li bourrèu de toun Fiéu !

Emé Jesus disiés : « Perdoun per li coupable !
Noun sabon ce que fan, Signour : espargna-lèi ;
Ie fagués pa senti voste bras redoutable... »
 — Mai chu ! qute bru ! toujou crèi..
 La terro tramblo, a póu ! Dins l'aire,
 Cridon li vèn ; dins lou terraire,
 De soun cros lou cadabre sort...
 Plus de soulèu ; li roc crecinon,
 Espavourdi, se desracinon !
 Tout tremolo... Jesus es mort !!

Es mort ! mai t'a baia per maire, pauro freno,
I pauri pecadou. Qu'aquéu lega m'entrai !
Apoun à ti grandour e demeni mi peno,
 Me toco l'amo quenounsai ;

Sios moun bonur e sios ma vido ;
Davan tu ma Muso es candido !
— Rèino llamoun, Maire içavau,
Parai ? nous saras pietadouso :
Benesiras, Vierjo amistouso,
Nosti troubaire prouvençau !

GLAUP.

19 octobre 1851.

A L'AUTOUR DE CHICHOIS.*

I

. . . .
Toun *Chichois* a rendu doui servici per un,
Et Marsio ti duou remercia per cadun.
L'avié bessai que tu per mettre enfin la brido
Ei gourrin que tenien la villo esparoufido;
Car despuèi que l'as fa dansa lou rigoùdoun,

* Les amis du *gai-savoir* nous sauront gré d'avoir reproduit ici quelques fragments empruntés à l'Épître que l'auteur de *Némésis* adressa jadis au spirituel et facétieux chantre de Chichois (M. G. Benedit.)
(*Note de l'Éditeur.*)

Lou *nervi* * souarto pu, vo souarto d'escoundoun.
L'avié ni mai que tu per sauva doū noūfragi
Lei respetablo lèi de noueste vièi lengagi ;

. . . .

Aujourd'hui mau pasta per certèns escrivan,
Coumo un aié manqua s'esfouïravo en sei man;
Avien bello à veja l'oli de soun espragno,
Toujou de mai en mai si tournavo en cagagno;
Venguères per bounur, et rèn se degaiò:
Ta plumo es lou trissoun qu'a remounta l'aiè!!

. . . .

Lou fèt es qu'as mounta su la premiero plaço
D'aquèu famous coulé que li dien lou Parnasso!
Vouié ti deboūssa, serié, d'un cóu de poun,
Cerca de mettre en frun lei barri de Touloun.
Toun triounfe escoumplé, toun darrié cóu de tanco
A laissa tei rivau emé la gaugno blanco.
Que renon contro tu coumo de pouar marau,
Que ti fa? lou picloun a pas póu dau mistrau!
Lou souluqu crègne pas l'insurto deis sauvagi!
Au paire de *Chichois* Marsio rènde oūmagi;
Et se l'autourita se reviavo un pau,
Se la Coumuno avié de bon municipau,

* On appelle ainsi, à Marseille, ces garnements, insolents et tracassiers, qui sont une si déplorable exception dans l'honorable corps des *hommes de peine*.
(*Note de l'Éditeur.*)

Voutarien au Counsèu de mettre à la grand'sallo,
Toun estatuo en gi de grandou couloussalo...

II

. . . .
Sabi proun que lou siècle es plen de rigoumigo,
Que la dèn de l'Envejo a jamai l'enterigo,
Que lei gasto-mestié, lei povèto paló
Que parlon prouvençau coumo de moussuló,
Crenfon contro tu, dien que toun persounogi
A de mot que soun pas d'un ounèste lengagi,
. . . .
Qu'as pas crento, et que meme as l'air de fa parado,
De ti *trufa* di règlo en tout tèm oùsservado;
Que per faire toun vers, trobes rèn de doutous,
Que su leis iatus sies gaire escrupulous,
Et que tei plurié, gasta per ta massimo,
Emé tei singulié s'aparien à la rimo.
Vaqui, moun paure enfan, un dei millo prepau
Que tènon contro tu per troubla toun repau.
Lei povèto souvèn prenon d'estoumagado :
As tròu de sen per faire aquelo talounado;
Souvèn-te que lou mounde es pupla de rampèu,
De gèn que troubarien d'espino dins un lèu !
Serian bèn malurous se n'en preniam de lagno !

III

As bèn vis, en mountan la carrièro d'Oubagno,
Uno facho de vièl quiado su la fouen :
Aquèu vièl es Hóumèro, un povèto, et dei buen !
Talamen que degun li vèn à la cavio !
Lei Grégo que, despuèi, bastissèron Marsio,
L'aurien, per soun genio, hissa su d'un auta :
Eh bèn ! que t'a pas dit que, per lei countrista,
Un roumpu dau païs que li dislen *Zoïlo*,
Jitavo contro d'èu l'escupigne et la bilo !
Es lou sort dau talèn, fau prendre soun parti,
Moun bouen ! fau sudura ce qu'Ilóumèro a pati !

IV

. . . .
Que siguèri taloun, quand, per la Capitalo,
Faguèri meis adiou à la villo natalo,
A moun paure chambroun, mounté, chaque matin,
En charran toutei dous, garissiés moun mourbin !
Dau men pénses à iéu, m'en as douna la provo...
— La semano passado, èri dins moun arcovo;
Mi sentiou tout lou corps giera coumo un bancau,
La tèsto mi petavo; aviou pres fres et cau.
Sugu qu'auriou pas ri, meme emé de couligo !

Ti fasiou de badau à m'estrassa lei brigo !
Quand ma vièio chambriero, ospèci de Fanchoun,
Entré mei doui ridèu vèn de garapachoun,
Mi remette un paquet... Es *Chichois!* O que fèsto !
Lou liègi, lou reliègi : ai pu de mau de tèsto,
Pu ge de fèbre ! ai pres uno facho de rèi,
Et sauti de moun lié, fres et gai coumo un pèi !
Digas puèi qu'un povèto es rèn qu'un sautembarco :
Sènso tei vers, fariou pas liguetto à la Parco !

. . . .

BARTHELEMY.

Paris, 1840.

ADIÉU A MA MUSO COUMTADINO.

> Nice, mia Nice, adio.
> **METASTASO.**

O Muso coumtadino, anem, leisso-me sta :
Ta sœur endimenchado aro vèn m'aganta ;
    La traito a 'sclapa ta museto !
Elo qu'a pa toun biai, te!s ieu, ta bono umour,
Despièi qu'a fa la vido amé de bèu segnour,
    En toutei dous nous fai lingueto.

Pamen, de tèms en tèm vèn me faire un poutoun,
Me pessugo, en risèn, la gauto ou lou mentoun...
    Que dire ? amo pa lei batèsto.
Pièi vèn amé sa raubo a gran farabala .

Amé sa caro blanco e soun pouli parla,
E m'a lèu fa vira la tèsto.

Pièi me crido : A Paris ! e me pren per la man ;
Me poûtiro, ô ma Muso ! e partirem deman :
  Me siéu proun fa tira l'oûreio.
A mé su mei ginoun sa grando liro d'or ;
M'a di que sou' mei dé sahié toujou d'acor,
  Que Paris a mei can choûreio.

Mè crese que lei damo, en me vèsèn, riran ;
De moun biai vilajois toutei se moucaran...
  Perqué doun fas-ti la jalouso ?
Ei men bèlo, segur, se parlave d'amour,
Levahien leis espalo, e, sèn prendre d'umour,
  M'emmandahien a la fialouso.

Adiéu doun, pauro Muso, adiéu ! Fôu pa ploura :
Sabes bèn qu'amé tu voudrehiéu demoura ;
  Sabes bèn que sies ma gastado ;
Sabes bèn qu plesi tei carèsso me fan ;
Sabes bèn que, lou soir, l'iver, se nous coûfan,
  Su mei ginoun sies assetado.

Adiéu ! me souvendrai, ma Muso, de moun jas,
De moun riéu que cascahio oû mitan del roucas,
  De ma cabreto blanquinèlo,

Doû galoubé tan dous e duû gai tambourin,
De l'orgue de la glèiso e de soun vièi refrin,
    E de moun ciel clafi d'estèlo.

Adiéu! Gardo moun sèti oû caire de moun fió;
Mignolo, sènso tu pode me plaire en-hió;
    Vai, se te lèisse aqui souleto,
Oû printèm, lou matin, dreube toun oustalé,
Que veiras reveni toun paure Ribalé *,
    Quan revendran lei dindouleto.

CAMILLE REYBAUD.

Nyons (Drôme.)

* Reybaud, en comtadin *Ribau*, diminutif *Ribalé*.

LI CRÈCHO. *

A SAINTE-BEUVE,

(*De l'Academio francèso.*)

> *Sinite parvulos venire ad me.*
> (Marc. 10. 14.)

I

Dintre li vòu do serafin
Que Diéu a fa per que sèn' fin

* Cette élégie fut récitée par l'auteur dans la Séance d'inauguration de la *Crèche de la Ste-Enfance*, d'Avignon, tenue le 20 novembre 1851, et présidée par

Canton, ubri d'amour : « Glori ! glori au Paire ! »
  Dins li joio dau paradi,
— N'iavié-y-un que, souvèn, liun di galoi cantaire,
  S'ennanavo apensamenti.

E soun fron blanquinèu ver la terro penjavo
Coumo aquèu d'una flour qu'a ges d'aigo, l'estiéu ;
  De mai en mai ravassejavo.
Se lou lângui, quand sias dins la glori de Diéu,
  Poudié tranca lou cor, deièu
  Qu'aquèu bel ange s'ennuiavo.

Qu'èi que ravassejavo ansin, e d'escoundoun ?
  Perqué n'èro pa de la fèsto ?
  Perqué, soulé di-z-angeloun,
Coumo s'avié peca, baissavo-ti la tèsto ?

Mgr Debelay, Archevêque d'Avignon : elle y reçut l'accueil le plus sympathique.

 M. Sainte-Beuve, de l'Académie française, a bien voulu accepter la dédicace de cette touchante et suave inspiration, et écrire à l'auteur que sa pièce est « digne « des anciens troubadours », et que « son Ange des Crè- « ches et des petits enfants, dans sa tristesse céleste, « ne serait pas désavoué par les anges de Klopstock ni « par celui de M. de Vigny. »

       (*Note de l'Éditeur.*)

II

Velaqui ! davan Diéu vèn de s'aginouia....
Que vai-ti dire ? que vai faire ?
Per lou vèire e l'ausi, si fraire
Arrèston soun allèluia:

III

« Quand Jesus enfantoun plouravo,
Qu'èro de fre tout tremoulèn
Dins la jaço de Bethelèm,
Es moun rire que l'assoulavo,
Moun aleto que l'acatavo;
L'escaufave emé moun alèn. »

« E despièi, ô moun Diéu! quand un enfantè plouro,
Dins moun cor pietadous sa voix vèn restounti:
Vaqui perqué moun cor es doulèn à touto ouro,
Signour ! vaqui perqué siéu apensamenti. »

« Su la terro, ô moun Diéu ! ai quaucourèn à fairo:
Laissa-me lo mai davala.
Ia tan d'enfantouné, pecaire !
Pauri-z-agnéu de la !
Que, tout afrejouli, fan que se desoula,
Liun dau mamèu, e liun di poutoun de si maire...

Dins de membre caudé volo li recata,
Li coucha dins de brès e li bèn acata ;
Li volo tintourla, nen èstre lou bressaire....
Volo qu'en liogo d'uno agon touti vint maire,
Que li-z-endourmiran quand auran proun teta ! »

IV

E li-z-ange l'aplaudiguèron....
E lèu, espandissèn si-z-alo, — d'ilamoun,
Proumte coumé l'uiau, davalè l'angeloun ;
E li maire, içavau, de bonur tresanèron ;
    E li *Crècho* se drubiguèron
Pertout mounté passè l'ange di-z-enfantoun.

V

D'aquesto ouro, mount'èl ?—Es dins aquès saloun ;
Escouto ce que di la Muso de Prouvènço ;
    Espincho de galapachoun ;
    Tréfouli de vosta presènço,
Midamo ! Es tan urous de vosti bènfasènço,
De ce que l'ajudas à sousta l'inoucènço,
Que vous mando, en risèn, de flour e de poutoun.

J. ROUMANILLE.

Avignon, 20 novembre 1851.

ADESSIAS EN TOUTI.

—

Belli Prouvençaleto, au bru dau tambourin,
Per vóu crias vengudo ausi lou gai refrin :
  Souto l'oumbrino que pendoulo,
Que la fèsto èro gaio, e li galan parèu !
Quan de pastoureleto emó si pastourèu !
  Oh ! la poulido farandoulo !

  Vesian din lou roun
  Li plus fres mourroun
  De tout l'enviroun,
  Chascuno vestido
  O largo vo 'stré,
  O blan o negré,

Tau qu'à soun endró,
O din sa bastido.

Aqui n'èro vengu de touti li cantoun,
D'cmé lou nas en l'er o d'un biai galantoun,
E de bruno, e de blanquinello :
Ansin quand dau printèm boufo lou fres alen,
De millo e millo flour lèu lou terraire es plen,
E jauno, e blanco, e rouginello.

N'ia que, per dansa,
Riro e s'espassa,
Aurien alassa
Li tambourinaire !
Si can amourous,
Tan pur e courous,
Oh ! qu'an fa d'urous,
E de calignaire !

E d'autro, vergougnouso e lou fron pénsatiéu,
Fugissèn li plesi coumé de las catiéu,
Din li garrigo s'esmarravon ;
E coumo una campano emmando un lon trignoun,
D'eiça-liun entendian li dous e lon plagnoun
D'aqueli chato que plouravon.

L'estrangié 'spanta
De vosté canta,

Vous venié 'scouta,
O Prouvençaleto !
E lis auceloun,
E lis angeloun,
Venien à mouloun
Vous faire l'aleto.

Mai nouvèmbre adeja fai sèntre sa frescour,
E l'estiéu ajougui 'me si joio s'encour ;
— Souto l'oumbrino que pendoulo,
Lis apensamentido an proun ravasseja,
Proun li cascareleto an fouligaudeja ;
Adiéu li gaio farandoulo !

Lou roussignoulé
Que, coumo un perlé,
Cantavo soulé
Amoun dessu l'aubo,
Vèn d'abandouna
Lou bos mount'es na,
E s'es ennana
Alin de ver l'aubo.

E vautre, ô jouvineto, aro mount'anarés ?
Mai que lou roussignóu, segur, e mai que res
Amas vosta bello patrìo :
Oh ! noun voudrés coumo éu tan liun vous envoula,

Car dessu nosti mourre, amai siegon pela,
   Lou grand soulèu tout l'iver brio.

           Adoun, adessias,
           Touti tan que sias,
           Basto tournessias,
           Din noste cham vèuse !
           Adiéu, bèu *quinsoun**,
           Que de cènt façoun
           Disiés ti cansoun
           Bressa su 'n brou d'èuse!

                               F. MISTRAL.

Maillane (B.-d.-R.), 3 novembre 1851.

* La pajo 321 d'aqués libre vous dira quau es aquèu quinsoun.
                               F. MISTRAL.

FIN

RÈI E PASTOURO,

FABLO.

A SAINT-RENÉ TAILLANDIER,

PER LOU REMERCIA D'AVÉ FA LA PREFAÇO DE
NOSTE LIBRE.

On a vu des rois épouser des bergères.

I

Enfeta de si bèu saloun,
Un jouine rèi s'espassejavo,
Au mes de mai, dins un valoun,
Mounté, coumo un gai auceloun,
    D'escoundoun
Una pastourèlo cantavo.

II

Soun can fuguè tan de soun gous,
Que non venguè léu amourous,
E te diguè : — « Pastoureleto,
Vène, vène dins moun palai,
Qu'augirai,
Quand voudrai,
Toun avoix cascareleto,
Amistouso quenounsai ! ».

« Emé tu me maridarai,
Se te plai.
Saras ma rèino, o farem fèsto ;
E pièi, boutarai su ta tèsto
Una courouno ; o de diaman,
Coumé li pichoti luseto
Que beluguejon dins l'erbeto,
A touti li dé de ti man,
Beluguejaran ! »

III

— Acò vai bèn. Nosta pastouro
Dau tourtourèu venguè tourtouro :
Sieguè rèino lou lendeman !

IV

Nosta Muso es la pastourèlo
Que soun can èi tan amistous ;
Mai quau es lou bèu de la bèlo ?
— Moussu, touti disem qu'èi vous.

J. ROUMANILLE.

Avignon, 19 *janvier* 1852.

GLOSSAIRE

ABRÉVIATIONS

EMPLOYÉES DANS CE GLOSSAIRE.

Sup.	Superlatif.
s.	substantif.
v.	verbe.
adj.	adjectif.
int.	interjection.
m.	masculin, *ou* mot.
f.	féminin.
m. l. *ou* lang.	mot languedocien.
v. m.	vieux mot.
ext.	extension.
fig.	figurément.
augm.	augmentatif.
dim.	diminutif.
n. p.	nom propre.
t. d'ag.	terme d'agriculture.
t. de m.	terme de marine.
exp. p.	expression poétique.
v. ou voy.	voyez.
loc. prov.	locution proverbiale.
ellip.	elliptiquement.
subst.	substantivement.
fréq.	fréquentatif.
litt.	littéralement.
coll.	collectif.

GLOSSAIRE.

A

Abarous, économe, ménager.
Abechoun, jeune abbé.
Abena-r [*], achever, consumer.
Abéurage, gi, arrosement; breuvage.
Abounde, surabondance, plein, soûl.
Abrasa-r, embraser.

[*] Nous isolons ainsi la lettre r à l'infinitif des verbes en *a*, en *e* et en *i*, parce que cette lettre, qu'adoptent quelques-uns de nos plus habiles confrères, est sévèrement rejetée par le plus grand nombre d'entre eux: C. Reybaud, F. Mistral, Glaup, Barthelemy, Jasmin, Th. Aubanel, G. Benedit, Augustin Boudin, Peyrotes, A. Gautier, d'Anselme, A. Matthieu, etc. etc. ne l'emploient jamais.

Nous rejetons cette lettre, plusieurs consonnes finales et bon nombre de lettres étymologiques, parce que, après mûre réflexion, nous n'avons pu nous résoudre à profondément altérer, et souvent, à détruire complétement le caractère distinctif, la physionomie particulière, la douce harmonie, la délicatesse et la grâce des dialectes d'Arles et du Comtat, en les pliant de vive force à une orthographe savante.

Nous ne pouvons pas donner de grands développements à une simple note, ni citer des exemples à l'appui de notre assertion. Nous aurons occasion plus tard, dans une suite d'études purement grammaticales que nous nous proposons de publier sur la langue romano-provençale, de motiver puissamment, nous osons l'avancer, le système orthographique qu'a suivi, à peu de chose près, la majorité de nos collaborateurs. Qu'il nous suffise ici de renvoyer le lecteur à l'intéressante discussion qui s'établit à ce sujet, dans la *Gazette de Vaucluse* (n°s 276, 277.....) entre M. C. Reybaud et M. S.-J. Honnorat, de Digne, et où M. Reybaud se fit, avec tant de chaleur et de science, le défenseur de notre système.

Quoi qu'il en soit, et malgré la différence qui existe entre nos divers dialectes, en cela semblables à la langue grecque, qui n'était point parlée d'une manière uniforme dans toutes les parties de la Grèce, nous avons fait, par la publication de *li Prouvençalo*, un pas immense vers cette unité orthographique que nous avons toujours tant désirée, et dont le besoin se fait si vivement sentir dans ce livre et dans ce Glossaire. Nous sommes résolument entrés dans la voie que quelques auteurs très-respectables avaient déjà devinée avant nous. Puisse-t-on ne pas l'abandonner! la littérature provençale n'aura qu'à y gagner.

J. ROUMANILLE.

Abriga, ado, rompu, brisé, écrasé.
Acaba-r, achever, finir; manger son bien.
Acampa-r, amasser, ramasser, rassembler.
Acantouna, ado, blotti, assis dans un coin.
Acata-r, couvrir, tenir chaudement.
Acha-cènt, par centaines; *acha-quatre*, quatre à quatre.
Aclou (m. l.), ici-bas.
Aclapa-r, couvrir de pierres ou de terre, combler, démolir; enfouir.
Acubiers, écobans ou écubiers (terme de marine.) fig. les yeux.
Adessias, adieu. Pluriel d'*adiéu*.
Adure, addurre, amener, apporter.
Adejà, adrejà, dejà, déjà.
Adèrèn, adarré, à la file, les uns après les autres, tous sans exception.
Adouba-r, accommoder, raccommoder, radouber, rajuster; apprêter.
Adounaï, le Seigneur, Adonaï.
Adounc, donc.
Afeciouna, ado, affectionné; attaché, appliqué à ce qu'on fait.
Afla, caresses, soin.
Aflanqui-r, affaiblir; rendre mou, flasque.
Afoudra, ado, foudroyé, brisé; abîmé.
Afrejouli-r (s'), se refroidir, devenir froid.
Afurouna, ado, ardent, empressé; passionné; furieux, véhément.
Aganta-r, saisir, prendre.
Agari-r, attaquer, assaillir.
Agassin, cor aux pieds.
Age, gi, grain de raisin; âge.
Ayebi-r, flétrir, rider, dessécher.
Agouta-r, égoutter.
Agrada-r, plaire, convenir.
Agrouva, ado, accroupi.
Ai, âne.
Aï! hélas!
Até, ail.
Aïgagno, eigagno, igagno, rosée.
Aigo, eau. *Aigarden*, eau-de-vie. *Aigo-sau*, eau salée. *Aiga-bouillida*, potage à l'ail.
Aigreja-r, gea-r, soulever, ébranler; irriter; avoir un goût aigrelet.
Aïlhet. Voyez *ałé*.
Aio (èstre en), être empressé.
Airé, ayre, er, air.
Airóu, iróu, eiróu, airée.
Ajebi. Voyez *agebi-r*.
Ajougut, ido, qui aime à jouer, folâtre.
Ajuda-r, aider.
Ajulina, aginouilha, aginouia, ado, agenouillé.
Alanda, ado, étendu de son long; ouvert.
Alauja-r, gea-r, allaugei-ri-r, alléger.
Alegra-r, réjouir.
Alen. Voyez *h-alen*.
Alesti-r, préparer, tenir prêt, apprêter.
Alin, là-bas au loin, là-dedans.
Aliscam, n. p. Notre-Dame-de-Grâce, à Arles.

Alisca-r, orner, parer.
Aloi (Sant), n. p. Saint Éloi.
Aluca-r, reluquer, regarder; allumer.
Amadura-r (s'), mûrir.
Amaga-r, entasser. *S'amaga-r*, se blottir, se tapir.
Amai, aussi, même, encore; quoique. *Amai mai*, même davantage.
Amarour, amertume.
Amata-r, entasser, abattre, renverser d'un coup, tuer; couvrir.
Amata-r (s'), se blottir, se tapir.
Amatina-r (s'), se lever matin.
Ambé, *amé*, *emé*, *'me*, avec.
Amistous, *ouso*, aimant, tendre, sensible.
Amoula-r, aiguiser.
Amoun-t, *amoundau*, là-haut.
Amouié, *amourier*, mûrier.
Amouro, mûre, *fruit du mûrier*.
Amourra-r, faire tomber sur le museau ou sur le visage. *S'amourra-r*, tomber sur le museau, etc.; se pencher pour boire.
Amoussa-r, éteindre.
Ana-r, aller.
Anço, hanche.
Andano, allée.
Androuno, ruelle; recoin, cache.
Aney (m. l.), aujourd'hui, ce soir.
Angeli, *angelin*, angélique, divin, charmant.
Angelico, ange-femme.
Angeloun, petit ange.

Anguieloun, Aquilon.
A-nieu, *à-niu*, hier au soir, la nuit dernière; ce soir.
Ansin, ainsi.
Antan, l'année dernière; jadis, autrefois.
Apaia-r, *apailha-r*, joncher, parsemer de paille, d'herbes, de fleurs, etc.
Apara-r, tendre la main, son tablier, etc. pour recevoir quelque chose; défendre, protéger.
Apastura-r, donner à l'animal sa pâture; repaître, nourrir.
Apensamenti, *ido*, pensif, soucieux.
Apèralin, là-bas bien profond, *ou*, bien au loin.
Apèramoun-t, *apèravau*, *aperilamoun-t*, *aperilamoundau*, là-haut bien loin, vers le Nord, sur les montagnes, dans le ciel.
Aperaqui, là auprès, par là; à peu près, *cosi cosi*.
Apetuga, *ado*, ardent, empressé.
Aplanta-r, arrêter. *S'aplanta-r*, s'arrêter.
Apoundre, fournir, ajouter.
Apourcati, *ido*, plongé dans la débauche; devenu porc.
Aquèu, *aquelo*, ce, cette; celui, celle; celui-là, celle-là.
Aqui, là.
Aquò, *acó*, *acot*, cela.
Aragan, ouragan.
Aragno, araignée.
Araire, charrue.
Aran, fil de fer; airain.
Arena-r, éreinter.
Arescle, cercle de tambour.

Aresclo, archet de berceau; écharde.
Aré, belier.
Argno, arno, teigne, gerce.
Arlaten, enco, Arlésien, enne.
Armas, lande, friche.
Aro, maintenant, présentement, à cette heure. Voyez à la lettre H: *Arpo, arpateja-r*.
Arriba-r, arriver; faire paître le long d'une rive.
Arrouina-r, ruiner; accabler.
Artaban : fier comme Artaban. (*loc. prov.*)
Artéu, orteil.
Ascla, ado, fêlé; un peu fou.
Ase, al, âne.
Assadoula-r, soûler, rassasier.
Assaja-r, ge-ar, essayer.
Assaupre, savoir, à savoir.
Asseta, ado, assis.
Assoula-r, consoler. (Ce mot est pris quelquefois dans le sens d'*assadoula-r*.)
Assousta-r, mettre à l'abri, à couvert.
Atabé (m. l.), aussi.
Atapa-r, boucher; couvrir. Voyez par H: *Arpo, auturo, etc.*
Aluva-r, allumer.
Au, to, haut.
Aubo, aube, aurore; peuplier blanc.
Auboura-r, lever, dresser, élever, arborer.
Aucèu, oiseau.
Auceloun, oisillon.
Auja-r, gea-r, oser.
Aure (m. l.), *aubre*, arbre; autre.
Aurio, aureto, aurilho, oreille.
Auro, vent. *Aureto*, vent doux, zéphyr, brise.
Ausi-r, augi-r, entendre.
Autar, autel.
Auturous, ouso, hautain, orgueilleux.
Avani, ido, évanoui; exténué.
Avarié, avarie.
Avau, là-bas, en bas.
Avelanier, avelinier, coudrier.
Avena-r, en terme de nourrice, faire venir le lait au sein en le tirant; en parlant des fontaines, des sources, les alimenter.
Avéusa, ado, rendu veuf.
Avous, août.
Avousten, enco, qui appartient au mois d'août.

B

Babelo, etto, petit baiser.
Babèu, n. p., Isabeau, Élisabeth.
Bachiquelo, baliverne.
Baci (*la*) (m. l.), la voici.
Badaia-r, ailha-r, bâiller.
Badalas, grand badaud, nigaud.
Bada-r-mouri-r (à), à rendre le dernier soupir.
Bada-r, ouvrir la bouche, bâiller; badauder; s'entr'ouvrir; être entr'ouvert.
Badau, bâillement; niais, imbécile.
Bagna-r, baigner, mouiller.

Bala-r, *bailha-r*, donner, bailler, v. m.
Baile, berger en chef; chef.
Ballo, la femme du *baile*; sage-femme; nourrice; *baile*, père nourricier.
Baisso, pente, côte, vallon, plaine.
Balan, balancement, cahotage; démarche chancelante, mouvance.
Balin-balan, en s'agitant de côté et d'autre; clopin-clopant.
Banar, *ardo*, *banaru*, *udo*, cornu.
Bancau, banc de pierre placé dans la rue, à côté des grandes portes d'entrée.
Bandi-r, bannir.
Baneja-r, *gea-r*, montrer, agiter ses cornes, en faire usage; sortir, se montrer.
Bano, *eto*, corne, petite corne.
Bar, large pavé, dalle.
Baragno, clôture faite d'épines, de ronces; haie vive.
Bárga (réque) (lang.), rien qui vaille.
Barja-r, *gea-r*, briser du chanvre; babiller, bavarder.
Barra-r, fermer avec une barre.
Barrulaire, rôdeur. (Il est aussi adj.)
Barrula-r, rouler, rôder.
Bassula-r, battre, frapper à coups redoublés.
Bassina-r, humecter; oindre, frotter.
Bastidan, campagnard, homme des champs.

Bateja-r, *gea-r*, baptiser; pris subst., baptême.
Batèsto, dispute, querelle; bataille.
Bato, corne du pied, sabot.
Batre (la), être dans une misère profonde.
Baudre (à), *bóudre*, à profusion, à bauge; sans ordre ni arrangement.
Baumirano, nom de lieu, Val-Mirane.
Baumo, grotte.
Bausaça, nom prop. quartier du terroir d'Avignon.
Bèbèi, beaux joujoux, jouets d'enfant, amusettes.
Bèbo (faire la), faire la moue.
Bédarrida, nom de lieu, Bédarrides (Vaucluse.)
Begnó (m. l.), il venait.
Bela-r, bêler; dévorer des yeux, regarder avec affection. (Dans cette dernière acception, on dit aussi *bada-r*).
Belèu, *bessai*, peut-être.
Bellas, sup. de *bèu*, beau.
Belloto, *bellori*, *belloyo*, fanfreluche, affiquet; parure, beauté, merveille.
Belugo, étincelle, bluette.
Belugueja-r, *gea-r*, étinceler.
Beneranço, bonheur.
Benesi-r, bénir.
Bericouqué, petit bout d'habillement de femme coquettement relevé.
Berigas, *bedigas*, en lang. mouton d'un an; fig. bon homme.
Besuscla-r, *beduscla-r*, brûler superficiellement,

18

ne brûler que le poil;
flamber.
Bèucó, beaucoup.
Bèu-l'òli, chat-huant, orfraie.
Biai, tournure, adresse, esprit.
Biasso, besace; petit sac où les paysans portent leur manger.
Biel (m. l.), vieux.
Biòu, *bûou*, bœuf.
Bis (m. l.), vu.
Blanqueja-r, *gea-r*, blanchir, tirer sur le blanc.
Blanquinèu, blanchâtre.
Blave, pâle, blême, défait.
Blestoun, matteau de chanvre.
Bon-bèn! à votre santé!
Bos, *bosc*, *bois*, bois.
Boudenfle, enflé, gonflé, bouffi. (On le dit des figues qui ont atteint toute leur grosseur.)
Boudièu! mon Dieu! hélas!
Boudousco, gousse, cosse, balle.
Boudrio (m. l.), je voudrais.
Boufado, souffle; coup de vent, rafale.
Boufa-r, souffler; bâfrer.
Boufigo, vessie.
Boulega-r, remuer, bouger.
Boulidou, tout vaisseau et endroit propre à faire cuver le vin.
Bounias, extrêmement bon; doux, bénin.
Bountelo, tache d'huile.
Bournèu, tuyau de terre cuite.
Bourrèlo, bourrée.
Bourroularèu, *èlo*, tourbillonnant, qui trouble et agite l'air.
Bourtoulaigo, pourpier, plante.
Bousca-r, busquer; gagner en travaillant; chercher, attraper.
Boustre, luron.
Bouta-r, mettre, placer.
Boutèu, mollet, gras de la jambe.
Bouto, tonneau.
Brafounté, *brefounté*, tempête, gros temps.
Bratasso, celui à qui les chausses tombent au-dessous de la ceinture, de manière à laisser voir la chemise; débraillé.
Brato, chausses, culotte.
Bramado, huée.
Brama-r, crier, brailler, braire, bramer.
Bramarié, *malé*, cri, clameur; crierie, criaillerie.
Brandussa-r, *brandouta-r*, *brandouilha-r*, *brantailha-r*, *brandailha-r*, *branteja-r*, *gea-r*, fréq. de *branta-r*, *branda-r*, branler, remuer, bouger, vaciller.
Brandussa-r (se), se balancer, se dandiner.
Brassado, embrassade, embrassement.
Brassoun, dim. de *bras*; petit bras.
Brave (es), il est doux, agréable de...
Bren, son, bran de son.
Brès, *brèsso*, *bressièro*, diverses espèces de berceaux pour les enfants.
Brescambio, bancal. Nom

prop. bouffon : *Briscambille.*
Bretouneja-r, gea-r, bégayer, bredouiller.
Bréu (pa'n), litt. pas un brin, point du tout.
Brifa-r, briter, manger avidement.
Brigo, débris, miette, petit morceau.
Brounzi-r, bruire, éclater.
Brou-t, tige, menue branche.
Brus, ruche, ruche à miel.
Brusi-r, bruire.

Brutici, saleté, immondice; impureté.
Bugado, lessive.
Burlento (m. l.), brûlante.
Busca-r, bousca-r, chercher.
Buscala-r, ailha-r, ramasser des broutilles, des éclats de bois, des buchettes.
Buscatèlo, échaudé.
Busco, bûche, bûchette; touche.
Buta-r, pousser.

C

Cabés, chevet; tête.
Cabó: faire cabó, saluer.
Cabrida, cabreto, chevrette.
Cabudèu, peloton.
Cabussa-r, tomber la tête la première, plonger.
Cabussu, action de plonger, plongeon.
Cacalas, paroles vaines; gros éclat de rire.
Cacalauso, escargot, limaçon.
Cacaleja-r, gea-r, babiller, caqueter; crier comme la perdrix; chanter, en parlant de la cigale.
Cachà, èlo, fromage pétri avec divers ingrédients.
Cacha-r, casser des noix, des cailloux, etc.; écacher.
Cachomailho, tire-lire.
Cadauleja-r, gea-r, remuer le loquet quand la porte est fermée.
Cadaulo, loquet, cadole.
Cadeno, chaîne. *Cadeno de*

l'esquino, épine du dos.
Cadenoun ! diantre ! morbleu !
Cadièro, chaise; chaire.
Cadun, chascun, chacun.
Cafinó, oto, coquet, dandy.
Caforno, cafourno, caverne, antre, tanière.
Cagnar, lieu abrité où l'on se chauffe au soleil.
Cagno, indolence, mollesse, paresse, cagnardise.
Cago-nis, souille-nid: le plus jeune, dernier-né. L'oiseau qui reste le dernier dans le nid, quand les autres sont assez forts pour voler.
Caire, côté; coin.
Caladaire, paveur.
Calado, pavé de cailloux.
Cala-r, caler; tomber, finir, s'arrêter, se taire. *Se cala-r*, se poser, se percher.
Calèn, lèu, petite lampe à crochet.

18.

Calignaire, amant, amoureux.
Caligna-r, courtiser.
Caló, *calous*, tige, trognon.
Calu, *udo*, louche; myope.
Cambia-r, changer.
Cambo, jambe.
Çamentèri, *samentèri*, cimetière.
Campano, cloche. dim. *Campaneto*, clochette, sonnette; liseron, *plante*.
Camuso (la), litt. la Camarde : la Mort.
Cancanur, *uso*, criailleur, euse.
Candi-r (se), se candir, se congeler.
Candi, *ido*, candi, surpris, étonné.
Caneloun, canule.
Canestèu, *èlo*, *eleleto*, grand panier d'osier ; petite corbeille.
Canèu, roseau ; *cannetto*, petit roseau.
Canoun, canon; tube, tuyau de fontaine, de cheminée, de plume, etc.
Canounye, chanoine.
Can-t, chant.
Cantarèu, *èlo*, qui aime à chanter, qui ne fait que chanter.
Canteja-r, *gea-r*, fréq. de *canta-r*, chanter; pétiller.
Cantoun, coin.
Çapelroun, chaperon; filet.
Capelan, chapelain, prêtre.
Capelé, *chapelet*, chapelet.
Capita-r, trouver, rencontrer à propos; atteindre juste.
Capounó, *oto*, petit polisson; fripon.

Carage, air du visage ; visage.
Carau (m. l.), voie, ornière, ruisseau.
Cardello, laiteron, *plante*.
Cargo, *carga*, charge.
Carlfarnt, corruption de *Californie*.
Carlamuso, cornemuse.
Carme (li), paroisse d'Avignoh (St-Symphorien.)
Caro, air du visage, mine.
Carré, chemin roulier où les charrettes peuvent passer.
Carreja-r, *gea-r*, charrier.
Carri, char. *Lou carri*, le Chariot, *constellation*.
Carrièro, rue.
Carrirou, *carriroun*, sentier.
Cascala-r, *ailha-r*, gazouiller, murmurer.
Cascarelé, *eto*, léger, volage; frivole.
Cascavèu, grelot ; adj. léger, écervelé.
Castèu-Renarden, habitant de Châteaurenard.
Ca-t, chat.
Catalano, coiffure avignonaise et comtadine.
Catarineto, chrysomèle dorée, *insecte*.
Catarri, catarrhe; résolution instantanée et folle.
Catèu, rusé, artificieux, dissimulé. *De las catèu*, des filets trompeurs.
Catountero, chatière.
Cauciga-r, *coussiga-r*, fouler, presser avec le pied. *C'aussiga-r quauqu'un*, marcher sur le pied de quelqu'un.

Cauno, creux, trou.
Caupisa-r, fouler.
Couquelado, alouette hupée, cochevis, *oiseau*.
Causo, *cauvo*, *cavo*, chose.
Caussido, *coûssido*, chardon aux ânes, *plante*.
Cebo, *cebeto*, ognon, jeune ognon.
Cencha-r, ceindre.
Cendrouseto, une petite Cendrillon; jeune fille qui ne sort pas de la maison, et qu'on trouve toujours autour du feu.
Cengla-r, ceindre.
Cese, pois pointu.
Cèu, *cier*, ciel.
Chabi-r, vendre, se défaire d'une chose ; marier, (surtout en parlant des filles.) *Se chabi-r*, se marier.
Chanchaneto, à petits pas, clopin-clopant.
Changoula-r (m. l.), hurler, se plaindre.
Charra-r, causer, jaser; gronder.
Chato, dim. *chatouno*, enfant du sexe féminin, fille, jeune petite fille.
Chaucha-r, saucer, tremper; mettre le pied dans l'eau par mégarde; fouler aux pieds.
Chauchoun, femme malpropre, qui tient mal son ménage.
Chaureta-r, *ilha-r*, prêter l'oreille pour tâcher d'entendre.
Chavano, ondée, giboulée, guillée, travade; terme de marine.

Chavènço, *chabènço*, chevance, v. m. bonheur.
Chi (m. l.), *chin*, chien.
Chica-r, manger; chiquer.
Chifarnèu, coup de bâton ; bâton, perche.
Chima-r, boire, siroter.
Chiqué, petit coup. *Bèure un chiqué*.
Choix, n p., ellipt. François.
Chourla-r, lamper, siroter.
Cièure. Voyez *sièure*.
Cigalo, cigale. *Carga-r la cigalo*, s'enivrer.
Cire, cierge.
Civado, avoine.
Civado-fèro, folle avoine.
Clafi, *ido*, plein, couvert, comme un arbre de fruits, une plante de poux, le visage de boutons, etc.
Clar, *clas*, m. plur. Glas, sing.
Clausoun, cloison; tombeau.
Clavar, fermer à clef; réduire quelqu'un à ne pouvoir répondre, mettre à quia.
Clavela-r, clouer.
Clavèu, clou.
Cledo, claie pour parquer les troupeaux.
Clerjoun, enfant de chœur.
Clina-r, incliner, pencher; décliner.
Clot, tombeau.
Clousoun, dim. de *clot*.
Cò, *coue*, *coua*, queue.
Cò, *cop*, coup.
Cocò, coco, *fruit*; familièrement, la tête, l'esprit.
Co de, chez.
Coleto, petit repas du matin.
Cônsou, *consè*, consul.
Còu, *coul*, *couel*, cou.

Couano, imbécile, niais.
Couble, couple. Voyez *pareu*.
Coublo, couple, attelage de deux bêtes.
Coucha-r, coucher; chasser.
Coudeno, couenne.
Coudoun, coing, *fruit;* colère étouffée, rancune.
Couelo, queue.
Couello, *colo*, colline.
Coufié, étui dans lequel les faucheurs mettent la pierre à aiguiser.
Coutja, *ado*, couché.
Coulas, collier, partie du harnais des chevaux de trait.
Coulan, *anto*, trempé, extrêmement mouillé.
Coulobre, *calobre*, couleuvre; méchante bête; bête terrible.
Counchaduro, tache, souillure.
Councha-r, tacher, souiller.
Counglas, verglas, glacier.
Counsoulayro (m. l.), consolatrice.
Courbadono, narcisse des prés, *plante*.
Courduro, couture.
Courlu, courlis, *oiseau aquatique*.
Courneto, cornette, espèce de coiffure.
Courous, *ouso*, frais, joli, propre.
Courraire, coureur; coursier.
Courthesoun, nom de lieu, Courthéson (Vaucluse.)
Cousseja-r, *gea-r*, *accousegea-r*, *causseja-r*, poursuivre, chasser.
Couta-r, accoter; mettre une étale ou une cale à quelque chose; s'obstiner.
Coutèlo (m. l.), narcisse des poëtes, *plante;* mauvais couteau.
Coutigo, chatouillement.
Creba-r, crever; mourir.
Crebecèlo, *crubecello*, *cabucello*, couvercle.
Crebidolo, narcisse des prés, *plante*.
Crecina-r, craquer.
Crèt, accroissement; progéniture; rejeton.
Crentous, *ouso*, timide, pudibond.
Crespéu, omelette au lard.
Cresten, exhaussement de terre entre les sillons; crête, faîte; chaperon d'un mur.
Croto, présomption, outrecuidance, orgueil.
Cros, fosse.
Croumpa-r, acheter.
Cruci-r, *crussi-r*, craquer.
Cuber, *erto*, couvert.
Cuteu, *cuech*, cuit.
Cuquo, tas, monceau.
Curo-blasso, vide-besace; voleur.

D

Dalo, *daloun*, *dailh*, *dailho*, *dallhoun*, faux.
Daise, doucement, lentement.

Dameiseloto, jeune demoiselle qui se donne des airs. (Les diminutifs en *o-t, oto*, sont ordinairement dépréciatifs.)

Dardata-r, briller, darder ses rayons.

Dardèno, deux liards.

Darnagas, tarnaga, pie-grièche, oiseau, fig. stupide, butor.

Daumassi, doûmaci, pour *Diéu-marci*, Dieu merci; *daumassi tu*, grâces à toi; *daumassi que*, puisque, Dieu merci.

Davalado, descente, chemin en pente; déclin.

Davala-r, *devala-r*, descendre, dévaler.

Deboura-r, dévider; tomber en ruinant; décliner.

Debino, misère, extrême pauvreté.

Deboûsa-r, debausa-r, précipiter, dérocher.

Dedallai, au delà.

Deco, brèche; défaut.

Deforo, dehors.

Degata-r, degatlha-r, gâter, corrompre, dissiper, gaspiller.

Degou-t, goutte, écoulement goutte à goutte.

Degruna-r, égrener, écosser; tomber en ruine.

Degun, degus, nul, personne.

Degu (à soun), d'une manière décente, convenable.

Delata-r, retarder, différer.

Dèime, dîme.

De-matin, adematin, ce matin.

Dempièi, despièi, desempièi, depuis.

Derebellha-r, éveiller.

Derraba-r, arracher.

Derrega-r, arracher.

Desbaragna-r (se), se dégager d'un buisson; se dépêtrer; se tirer d'affaire, d'embarras.

Descau, ausso, déchaussé.

Descounsoula-r, déconforter, désoler.

Descoussana, ado, sans frein, effréné.

Desembrata-r, desbrata-r (se), se déculotter.

Desencala-r (se), se tirer de l'ornière.

Desglest, ido, deglent, ido, disjoint; défait, maigre.

Desalena, deshalena, ado, essoufflé, haletant, hors d'haleine.

Desmamaire, qui sèvre, qui prive, qui frustre de quelque chose.

Desplega-r, despluga-r, déplier, déployer.

Destapa-r, déboucher, découvrir, défoncer, t. d'agricult.

Destousca-r, découvrir, apercevoir de loin; trouver ce qui était caché; sortir.

Destrau, hache, cognée.

Destrussi, destructeur, fripeur.

Desvaria, ado, égaré, effaré.

Dia, cri ou commandement que fait le charretier lorsqu'il veut faire prendre l'un ou l'autre côté de la route, et particulièrement la gauche. *A dia*, à gauche; *irou*, à droite.

Dian (en), en disant.

Dilun, *dimar*, *dimècre*, *dijóu*, *divèndre*, *dissate*, *dimenche* ou *deminche*, lundi, mardi, mercredi, jeudi, vendredi, samedi, dimanche.

Dido, *Didelo*, n. p., Marguerite.

Dinda-r, *dindina-r*, tinter, sonner.

Dindouleto, hirondelle.

Dintre, dans, parmi.

Dóu, deuil, affliction, peine, chagrin.

Doulèn, *ènto*, dolent, triste, affligé, plaintif.

Doumiaire. On appelle ainsi le taureau privé qui, dans les courses, est lâché dans l'arène pour faire rentrer à l'écurie les taureaux sauvages.

Dourmido, sommeil.

Douvris (m. l.), il ouvre.

Dral, crible.

Draióu, *drayóu*, chemin, sentier.

Dre què, dès que.

Drole, enfant mâle, garçon; *droulas*, grand garçon.

Dru, *udo*, dru, épais, gras, fort; adv. en grande quantité, et fort près à près.

Drudièro, abondance de biens; vigueur, fertilité.

Duber, *erto*, ouvert.

E

Elça, *eissa*, *iça*, ici, ici près, de ce côté; le lieu où l'on va.

Elcado, *eissado*, pioche.

Elgagno. Voyez *aigagno*.

Ella, *ila*, là, là auprès.

Elme (à bel), à profusion, en gros, l'un portant l'autre.

Elrou. Voyez *alrou*.

Eissado, houe pointue, marre.

Embandi-r, lâcher, renvoyer.

Embrassaire, celui qui embrasse.

Embreca-r, *breca-r*, ébrécher.

Embrounca-r (s'), broncher, faire un faux pas, chopper.

Embuga-r, imbiber.

Emé, 'me, avec.

Emmanda-r, renvoyer.

Emmasca-r, ensorceler.

Empassa-r, avaler.

Empega-r, poisser, coller; enivrer.

Empèri, commandement, puissance, autorité; *faire l'empèri*, régner, dominer; faire une chose réputée difficile; vivre à gogo, dans l'abondance, faire gogaille.

Empestcia-r (s'), s'enfermer à clef.

Emprene (m. l.), allumer, rallumer.

Empesa-r, *empura-r*, *emprene*, attiser le feu; fig. pousser, exciter; fomenter la division, souffler la discorde.

Encafournar (s'), s'enfoncer, se cacher.
Encagna-r, irriter, aigrir, envenimer. *S'encagna-r*, se courroucer.
Encala-r (s'), s'arrêter, s'embourber, s'engraver; rester sur ses dents.
Encalustra-r, escalustra-r, reprendre rudement, brusquer, rudoyer.
Encava-r, mettre en cave.
Enchapla-r, ôter les brèches de la faux avec un marteau.
Enclaure, enclore, enfermer, enclaver; ensorceler.
Encó de..., chez.
Encoucourda-r (s'), acheter un melon qui n'est pas mûr; se tromper, s'attraper; prendre une femme avec des défauts qu'on ne lui connaissait pas.
Encrubecela-r, mettre un couvercle; couvrir.
Endeca, ado, ébréché, qui a quelque défaut, taré.
Endoulouri, ido, atteint, pénétré de douleur.
Enfanté, enfantoun, enfantouné, petit enfant, petite enfant.
Enfeta-r, ennuyer.
Enfoücha-r, luxer.
Enfregeouli, afrejouli, ido, devenu froid; qui a froid, frileux.
Engano, salicorne ligneuse, arbrisseau. Ruse, tromperie.
Engarbitrounaire, celui qui entasse les gerbes.
Engavacha-r, engorger, obstruer.

Engrana-r, engrener.
Engrena-r, broyer.
Engusaire, trompeur, fripon.
Ennega-r (s'), se noyer.
Ennevouli, ido, couvert de nuages.
En-proumié (d'), dans les premiers temps, au commencement.
Enquieul, aujourd'hui.
Enrabia, ado, enragé.
Enrega-r, planter, semer; ranger sur une même ligne; aligner; enrayer; t. d'agric. tracer le premier sillon, et par ext. commencer à faire une chose.
Enrouita, ado, coloré, qui a les joues vermeilles.
Ensaja-r (m. l.), essayer.
Ensalado, salade.
Ensarri, cabas de Sparte qu'on place sur le bât des bêtes de somme.
Ensaunousi, ido, sanglant, ensanglanté.
Ensèm, ensemble.
Ensuca-r, assommer, assener.
Entaula-r (s'), s'asseoir à table.
Entertgo, agacement des dents.
Enterim (d'), entanterin, entandaumen, cependant, en attendant, dans le temps que.
Entraire, plaire, agréer. *Rèn l'entrai*, rien ne lui plaît, ne lui agrée, ne lui sied.
Entreva-r (s'), s'informer.
Enverina-r, envenimer.
Envispla, ado, envis-

18*

ca, *ado*, englué; plein.
Esbalanca-r, rompre.
Esbausa, *ado*, éventré, dont le ventre est pendant.
Esbigna-r (s'), s'esquiver, se sauver.
Esbramassa-r, étourdir de cris, criailler après quelqu'un; gronder.
Esbriauda-r, *esbrilhauda-r*, *esbarluga-r*, éblouir.
Esbrudi-r, ébruiter, divulguer.
Escafa-r, *escrafa-r*, effacer.
Escagassa-r, affaisser, écraser, aplatir, acculer.
Escagno, écheveau. On appelle *escagno*, *escan* ou *escau* le dévidoir à main servant à mettre le fil en écheveaux.
Escala-r, monter avec une échelle; monter, s'élever, gravir.
Escambarla, *ado*, qui tient ses jambes écartées, qui est à califourchon.
Escampa-r, répandre.
Escampilla-r, éparpiller.
Escapi, sauf, hors de danger.
Escarabela-r, *escarabilha-r (s')*, se réjouir, être de bonne humeur.
Escarabela, *ado*, *escarabilha*, *ado*, joyeux, éveillé, gai, escarbillard.
Escaufèstre, échauffourée; rencontre imprévue à la guerre; alarme, malheur.
Escaumo, écaille de poisson.
Esclapa-r, fendre du bois avec une hache; rompre, briser.
Escló, sabot, chaussure de bois.
Esclùssi, éclipse.
Escor, dégoût. *Faire escor*, inspirer du dégoût, de l'aversion; faire venir mal au cœur.
Escouba-r, balayer.
Escoulan, écolier, étudiant.
Escoundoun (d'), en secret, en cachette, en tapinois.
Escoundre, cacher.
Escoundu, *udo*, caché.
Escounjura-r, conjurer, chasser les maladies, la tempête, etc. par des paroles magiques. (Superstition populaire.)
Escoussa-r, battre, secouer.
Escoutela, *ado*, blessé, tué à coups de couteau; assassiné.
Escracha-r, écraser.
Escrussa, *ado*, retroussé. Voyez *escussa*.
Escranca, *ado*, écarquillé, fendu, ébranché; courbé, éclopé.
Escudela-r, vider l'écuelle; avaler.
Escudèlo, *escudèllo*, écuelle. *Mettre tout par écuelles*, ne rien épargner pour bien traiter quelqu'un.
Escupagno, salive.
Escupi-r, cracher.
Escussa, *ado*, retroussé, qui a les manches retroussées.
Esgaleja-r, *esgayegea-r*, égayer, réjouir.
Esmara-r (s'), s'écarter, s'égarer.

Esmougu, udo, ému, touché, remué, ébranlé.

Espandi-r, étendre, épanouir, déployer, répandre.

Espanta-r (s'), s'étonner, s'ébahir.

Espanta, ado, stupéfait, ébahi, ébaubi.

Espargnaire, épargnant, économe, ménager.

Espargoulo, pariétaire. Plante.

Esparoufi, ido, échevelée; épouvantée, terrifiée.

Esparpaia-r, ailha-r. éparpiller, disséminer; épanouir.

Espassa-r, distraire, dissiper.

Espassa-r (s'), *s'espasseja-r, gea-r*, se distraire, se désennuyer, se promener.

Espaula-r, épauler, ménager, protéger.

Espaussa-r, épousseter, secouer; battre.

Espavourdi-r, épouvanter, effrayer.

Espelandra, ado, deguenillé.

Espeli-r, éclore; faire éclore.

Espigau, mauvais épi.

Espigo, épi.

Espilo, broche du tonneau.

Espincha-r, épier, guetter, observer.

Espousca-r, rejaillir, éclabousser; faire rejaillir, semer à claire voie; éclater, s'emporter.

Espouli, ido, réduit en poudre; brisé, anéanti.

Esquia-r, ilha-r, glisser, esquiver.

Esquichado, pression, effort; volée de coups.

Esquicha-r, presser, pressurer. *S'esquicha-r*, s'efforcer, se presser, se serrer; fig. se saigner, pour dire: Donner jusqu'à s'incommoder; se réduire.

Esquicho-empasso, sitôt pris, sitôt gobé; sitôt sous la dent, sitôt avalé.

Esquissa-r (s') (m. l.), se déchirer; rompre, ébrancher.

Estabousi, ido, étrangement surpris, ébaubi.

Estavani-r (s'), s'évanouir.

Estaca-r, attacher.

Estaco, attache, attachement.

Estampa, ado, imprimé; estampé.

Estavani, ido, tombé en défaillance.

Estela, ado, éclissé.

Estela, estella, ado, étoilé.

Esten, écueil.

Estève (Sant), n. p. St-Étienne-du-Grès (B.-d.-R.)

Esticanço, circonstance; façon de faire.

Estirado, étendue de chemin à parcourir.

Estira-r, étendre, allonger; repasser le linge.

Estirelo, petite étendue de chemin; action d'étirer.

Estoumagado, gastrodinie, douleur d'estomac, et fig. serrement de cœur, chagrin, inquiétude concentrée, crève-cœur.

Estoumaga-r, estomaquer; fâcher, contrister.

Estoupina-r, manger avidement, à grosses bouchées; jeter quelque chose de sale à la tête de quelqu'un.
Estramaçoun, coup d'estramaçon, ou de sabre.
Estransina-r (s'), se dessécher par l'ennui, transir.
Estrapiado, poussière grattée par les poules; piétinement.
Estrapia-r, piétiner.
Estrassa-r, déchirer.
Estravia-r, estraya-r, égarer, éparpiller.
Estravia-r (s'), s'égarer, se détourner de son chemin.
Estrema-r, enfermer, serrer.
Estrema-r (s'), s'enfermer, rentrer.
Estripa-r, ôter les tripes; mettre en lambeaux.
Esvali-r, détruire.
Esvali-r (s'), disparaître, se perdre, s'évanouir.
Esvedela-r (s'), faire le veau, s'étendre nonchalemment.
Èuse, yeuse, chêne-vert, arbre.

F

Fada, ado, niais, idiot.
Fado, fée.
Fanasso, pour *famasso*, aug. de *fam*, faim.
Fanfoni, vielle.
Fanfouneja-r, founfouneja-r, gea-r, vieller, jouer de la vielle.
Fangas, bourbier.
Farandoulo, farandole, danse provençale.
Farfantèlo, berlue, éblouissement.
Faudau, tablier.
Faudo, giron.
Faïou, faviou, fajou, haricot; sot, butor.
Fechouiro, fichouiro, pour *fourchouiro*, aiguillon à trois fourchons, trident.
Fe, foi.
Fedo, brebis.
Felen, petit-fils.
Femo, fremo, feno, fenna, fumo, femme.
Fendanso, fente, crevasse, lézarde.
Fenestroun, petite fenêtre.
Fenianteja-r, gea-r, vivre dans l'oisiveté, aimer le *far niente*.
Fenero, grenier à foin, fenil.
Ferni-r, frémir.
Fet (m. l.), feu.
Fey (m. l.), fait.
Fi (m. l.), fin.
Fialouso, fieloue, quenouille.
Fianço, fiançailles; repas de noces.
Fiéu, fils; fil.
Fio-c, fuèc, feu.
Finocho, fin, rusé, matois.
Fin qué, jusqu'à ce que.
Finqu'un, fin que d'un, jusqu'au dernier.
Flou (m. l.), fil.
Fisa-r (se), se fier.
Fivéu, èlo, rameau, tige, rejeton.
Fla, aco, flasque, mou, languissant.
Flassado, couverture de laine.

Flasqué, flacon.
Flasqueja-r, *gea-r*, buvotter, gobelotter.
Flaveto, flûte.
Flo-c, flocon, houppe, gland.
Forço, beaucoup.
Fòu, fou, insensé.
Fougasso, fouace; galette, gâteau.
Fougna-r, bouder.
Fout, fouet.
Foulastreja-r, *gea-r*, folâtrer.
Foulestier, hanneton, insecte.
Fouletoun, follet; ouragan.
Fouligau, folâtre, badin, enjoué.
Fouligaudeja-r, *gea-r*, folâtrer, faire un peu de folie.
Fourcolo, *fourquèlo*, étançon fourchu.
Fourmeto, petit fromage.
Fournigulè, fourmilière.
Fournigo, fourmi.
Foutrau, coup, horion, v. m.; nigaud.
Franqueto (*à la bono*), sans façon, de bonne foi.
Frejau, pierre froide; caillou.
Frejour, *frechou*, froideur; refroidissement.
Frejoulun, saisissement, frisson.
Frescoulé, *eto*, dim. de *fresco*, frais.
Fresquiero, froidure, temps frais et gai.
Fringalo, grosse faim.
Frimo, le semblant, la mine que l'on fait de quelque chose.
Froun (m. l.), front.
Frounciduro, ride, pli; froncis.
Frun, débris, poussière.
Frusta-r, frôler, raser.
Fugueiroun, foyer, âtre.
Fum, fumée.
Fumo, femme.
Furna-r, fureter.
Furoun, *ouno*, furieux, furibond.
Fusteja-r, *gea-r*, couper du bois; faire le charpentier.

G

Gabelou, gabeleur, employé dans la gabelle.
Gabi, cage.
Gabre, coq-dinde, dindon.
Gafa-r, passer à gué, passer le gué; se tromper; bousiller.
Gafoulage, action d'agiter l'eau, de patrouiller.
Galan, *anto*, joli, charmant, gentil.
Galavar, *ardo*, glouton; débauché; oisif, fainéant.
Galavardeja-r, *gea-r*, vivre dans la débauche; dans l'oisiveté.
Galejado, plaisanterie.
Galeja-r, *gea-r*, plaisanter.
Galino, *gallino*, poule.
Galoi, *so*, *seto*, joyeux, content; plaisant.
Galoun, jeune coq.
Gama-r (m. l.), escamoter; gober.
Ganarro, ivresse, délire.
Gandi-r (*se*) (m. l.), se ren-

dre, arriver, toucher au but.

Gangassa-r, secouer, agiter.

Garapachoun (de), en tapinois.

Gara-r (se), s'ôter : *garo-te d'aqui*, ôte-toi de là.

Garbelo, petite gerbe.

Gargaméu, homme sot, stupide.

Gargassoun, gosier.

Gari-r, guérir.

Garri, rat; rouge bord.

Garrigo, champ planté de bruyères.

Garroulas, bourbier, mare.

Garrousso, gesse; gousse.

Gat. Voyez *cat*.

Gau, joie, plaisir. Coq.

Gaubi, adresse, dextérité, grâce.

Gaust-r, user.

Gauto, joue.

Gaval, gavagi, gosier.

Gava-r, gorger, empiffrer.

Gavéu, javelle, petit faisceau de sarments.

Gença-r, geindre.

Genesto, genêt, *arbuste*.

Gen-t, une personne.

Gen, ento, gent, gentil.

Gibo, bosse.

Gibous, ouso, bossu; gobin.

Gibla-r, plier, courber.

Gingoula-r, hurler; sangloter; rendre un son plaintif; se plaindre.

Giscla-r, fiscla-r, jaillir.

Gleiso, église.

Gleno, glane.

Glouious, ouso, glorieux, orgueilleux, plein de vanité.

Gò, gobelet, verre.

Got, boiteux.

Goubiho, bille.

Goudifla-r, bâfrer.

Goulado, gorgée.

Gounfluge, gonflement, cœur gros, tristesse. *Lou grand gounfluge*, exp. poét. pour la mer grosse et houleuse.

Gourbèu, corbeau; homme vorace, cruel.

Gournau, niais, idiot.

Gourrin, ino, vaurien; femme de mauvaise vie.

Goutoun, ouno, ellip. Marguerite.

Gramaci, grand merci; remerciement.

Grame, chien-dent, *plante*.

Gran, grand, grand-père, aïeul, m.; grand'mère, aïeule, f.

Grasio, gril.

Grastado, grillée.

Grego, Grec.

Grela, ado, grêlé.

Gres, grès; terrain graveleux.

Gresa, ado, couvert de tartre; sale.

Grié, grillon, *insecte*.

Groulo, savate, vieux soulier; guenipe.

Gruplo, grupi, crèche, mangeoire.

Guècho, cho, louche; bigle.

Guerindolo, girandole.

Guerindoun, lustre.

Guèlo: cargar sa guèlo, sa miejo guèlo, se soûler, se soûler à demi.

Guigna d'uèt, clin d'œil.

Guincha-r, lorgner; loucher.

Gusas, fripon.

H *

H-alen, souffle, haleine, respiration.
H-alenado, souffle, haleine.
H-arpateja-r, *gea-r*, remuer avec précipitation les mains ou les pattes, les bras ou les jambes, pour nager, grimper, courir, etc.
H-arpo, griffe.
H-auturo, hauteur, éminence, colline.
H-auturous, *ouso*, hauteur, fier, orgueilleux.

Hi, *ie*, *ye*, *ll*, lui, leur, y.
Hié, *ié*. Voyez *liéch*.
Hleun, *leun*, *llun*, *luènch*, loin.
H-ouro, heure. *D'h-ouro*, de bonne heure.
H-oustau, maison. *H-oustalé*, maisonnette.
Hullh, *ullh*, *teu*, *yu*, *iu*, *uèc*, *tel*, œil; pl. yeux.
Hullhau, *ulau*, éclair.
H-idraca-r, sécher.
Hyèli, *yèli*, *ile*, lis, plante ou *fleur*.

I

Iasso. Voyez *llasso*.
Içavau, ici-bas.
Içô, ceci.
Ie, lit.
Iecholo (m. l.), couchette.
Ieul, aujourd'hui.
Igagno. Voyez *algagno*.
Igreja-r. Voyez *algreja-r*.
Ilalin, là-bas, bien loin.
Ilamoun, *ilamoundau*, *apèrilamoun*, *apèrilamoundau*, là haut, bien haut ; très-haut.
Ile, lis.

Iminado, mesure de grains ou de superficie.
Inçabal (m. l.), ici-bas.
Inoucèn, *ènto*, innocent; fou.
Iòu, œuf.
Iròu, mot dont les charretiers se servent pour faire tirer en dehors. *Un à dia*, *l'autre tròu*, l'un à droite, l'autre à gauche.
Iruge, sangsue.
Isclo, île, îlot.
Iu, œil.

J

Ja! ! allons ! marche ! Mots dont se sert le conducteur d'un cheval, d'un mulet, d'un âne, pour le faire marcher.
Jacèn, accouchée.
Jaço, bergerie, bercail.
Jacoumar, beffroi d'Avignon.
Jaire, être couché, reposer.
Jambar, *ardo*, *chambar*, *ardo*, cagneux.

* C. Reybaud, F. Mistral, Glaup, Th. Aubanel, J. Roumanille, etc. etc. écrivent sans *h* les mots où l'*h* est isolée.

Jas, gîte, bercail, étable.
Jé, n. p. ellip., Joseph.
Jtansemin, jasmin.
Jiscla-r, jaillir, rejaillir.
Jo, n. p., Job.
Jou (m. l.), moi.
Jougne, corsage d'Arlésienne.
Jougué-t, jouet; adj. badin, folâtre.
Jouine, jouviné, elo, jeune, jeunet.
Jounquier, lieu où croissent des joncs.
Jouven, jeunesse; jeune homme.
Jussiou, judiéu, juif.

L

Lachugo, laitue.
Ladrarié, ladrerie, vilaine et sordide avarice.
Lagne, langes, drapeaux.
Lagno, chagrin, dépit; plainte.
Lagremo, larme.
Laire, voleur, larron.
Laissa 'sta, ital. lasciare stare.
Lampa-r, lamper; courir.
Landa-r, courir, galoper.
Langui, languitori, languimen, langueur, ennui.
Lardoun, coup de couteau dans les chairs.
Lassi, lassitude, fatigue.
Laurado, n. p., auberge sur la route de St-Remy à Tarascon.
Lauso, dalle, pierre plate et mince.
Lebrau, levraut.
Lèbre, lièvre.
Leché-t, liché-t, louchet, bêche.
Leco, piége.
Legi-r, lire.
Lego, lieue.
Lès, esto, lest, prêt.
Leu, tôt, bientôt, vite; le mou ou poumon des animaux.

Levado, fressure; entrailles.
Liasso, lasso, liasse.
Liéch, lit.
Liga-r, lier.
Liguelo, lingueto (faire), terme enfantin. Tirer la langue devant quelqu'un, en lui montrant un objet qu'il n'a pas et qu'il convoite.
Lindau, seuil.
Lió, lieu.
Liogo: en llogo, au lieu de...
Lipa-r, lécher.
Lisqué, eto, propret, gentil.
Lissiéu, lessiéu, lessive.
Litocho, lit; grabat.
Liun, loin.
Longo (de), continuellement, sans cesse.
Loungaru, udo, allongé, terminé en pointe, pyramidal.
Lous (m. l.), leis, li, les.
Luech, lió, lieu, endroit.
Luego (même signification.)
Luench, loin; éloigné, lointain.
Lume, lumière. Faire lume, éclairer.
Luna, ado, lunatique; de bonne ou de mauvaise lunaison.

Lunta-r (m. l.), oindre.
Luser, lézard.
Luselo, ver-luisant; luciole.
Luzi-r, *si-r*, luire.
Luzissió (imparf. indic. de *luzi-r*.)

M

Maca-r, meurtrir.
Machoto, chouette.
Madur, *uro*, mûr.
Madura-r, mûrir, faire mûrir. *S'amadura-r*, mûrir, devenir mûr.
Mafisto! ma foi!
Magagna, *ado*, gâté, vicié; malade.
Magagno, défectuosité, incommodité, infirmité; fourberie.
Mai, plus, encore, davantage; mais; quoique. Mai, 5ᵉ mois de l'année.
Mainage, *minage* (m. l.), enfant; ménage, ferme.
Malancouniéu, mélancolique.
Malautoun, *ouno*, maladif.
Malavalisco! Fi! au diable! miséricorde!
Maloun, carreau, brique.
Mamau, léger mal, bobo (terme enfantin.)
Mandadou, envoi.
Manda-r, envoyer.
Manideta (m. l.), dim. de
Manido, jeune fille.
Marau, pour *malau*, malade.
Margat, n. p. Marguerite.
Margoulin, marjolet, godelureau.
Marida-r, marier.
Marrias, mauvais sujet, garnement.
Marri, *ido*, mauvais, méchant.
Maro, tas de foin que le faucheur ramasse avec la faux.
Mascara-r, noircir, barbouiller de noir.
Mastega-r, mâcher.
Mastrouilha-r, *mastreja-r*, manier, patiner.
Matai, battant de cloche.
Mati (m. l.), matin.
Maucoura, *ado*, dégoûté, découragé.
Maugracious, *ouso*, hargneux, maussade, malgracieux.
Maugueto, dim. de
Maugo, *maulo*, *mavo*, mauve, *plante*.
Mauparado, *malemparado*, mésaventure, malheur, fatigues.
May (m. l.), maire, mère.
Mayen, *enco*, du mois de mai.
Maynatge (m. l.), enfant.
Mè, mais.
'Mé, pour *emé*. Voyez ce mot.
Melico, miel.
Meno, sorte, espèce.
Mena-r, mener, conduire. *L'auro meno*, le vent souffle.
Menoto, *manelo*, petite main.
Merrias. Voyez *marrias*.
Messorgo, mensonge.
Mèste, maître (devant un nom propre d'homme.)

Mestierau, ouvrier.
Mestreja-r, *gea-r*, maîtriser; faire le maître.
Mia curpa, pour *mea culpa*, par ma faute.
Mechoureto, petite demi-heure.
Mièch, *miéjo*, demi, demie.
Miéu, *miou*, mien.
Mino, grimace; mine.
Miolo, mule.
Miòu, *miuou*, mulet.
Mirata-r (se), se mirer.
Mirau, miroir.
Mistoulin, *ino*, grêle, délié, svelte.
Mistrau, Mistral, vent du N. O.
Mitan, milieu.
Mota (per), par exemple.
Molo, meule, roue de grès dont on se sert pour aiguiser.
Moucaco, guenon, singe.
Moucadou, mouchoir.
Mouca-r, moucher, retrancher l'extrémité de quelque chose; décimer *Lou moucaran dur*, ils lui donneront un rude coup sur le mufle.
Mouflé, *eto*, mouflard, qui a le visage joufflu, les mains potelées; dodu, gras.
Mouflo, mousse.
Moulé, épouse, femme
Moulssau, cousin, *insecte*.
Moulssolo, moucheron.
Moulssoun, moucheron; cousin.
Mouloun, monceau, tas; groupe.
Moumené, petit moment.
Mounino, guenon.
Mounté, *vounté*, *ounté*, *ount*, où.
Mouqué, *eto*, moqueur; confus, penaud.
Mourbin, chagrin, colère.
Mourgueto, espèce d'escargot.
Mouricó, surnom d'un âne noir.
Mourimen de cor, défaillance, syncope, évanouissement.
Mourre, museau; rocher, mamelon. *De mourre bourdoun*, la face contre terre.
Mourroun, petit museau; minois.
Mourlinéu, *elo*, pâle, défait, demi-mort.
Mouse, traire.
Moussu, Monsieur.
Moussuló, petit Monsieur; freluquet; artisan qui veut se donner les airs de bourgeois; dameret.
Moustelo, belette.
Moustous, *ouso*, sali avec du moût.
Muda-r, muer, changer; changer de linge; emmailloter.
Musa-r, lambiner, muser (v. m.), s'arrêter à toute autre chose qu'à ce qu'on a à faire.
Muscadéu, fat, petit-maître, fashionable.
Muta-r, dire mot, parler. Il signifie aussi *changer*.

N

Nada-r, neda-r, nager.
Nal, mare, fosse, bassin, pièce d'eau, routoir.
Nané, eto, nain.
Nanoun, nom propre. Anne.
Narbounés, vent de Narbonne, vent d'Ouest en Provence.
Nascu, udo ; na, ado, né.
Naseja-r, gea-r, regarder par un trou, ou en se montrant à peine.
Nebla, ado, gâté ; pâle, brun, nuageux.
Neblo, brouillard.
Necite, nécessaire.
Nega-r, nier ; noyer.
Negre, noir.
Negreja-r, gea-r, paraître noir ; s'obscurcir.
Neigrineu, noirâtre.
Nené-souemsouem, chanson pour endormir les enfants.
Né, néco, étonné, confus, penaud, déconcerté.
Neu, neige.
Nevié, lieu couvert de neige.
Nialso (li man), les mains gourdes.
Niéu, niouro, nuage.
Nin, nien, lui en, leur en.
Nioch (m. l.), nuit.
Nisa-r, nicher.
Nistoun, petit enfant.
Niu, nuit.
Nivo, niéu, nivoulun, nue, nuage, nuée.
Nose, noix.
Nousa, ado, noué ; rachitique.
Novi, m. ou f., nouveau marié, nouvelle mariée.
Nuèch, nieu, niu, nioch (m. l.), nuit.

O

O, oc, oi, oui.
Obro, œuvre, ouvrage.
Oi oi ! int. qui exprime la surprise.
Oli, huile.
Orto (per), par voies et par chemins ; par la ville ou par les champs.
Ouboura-r. Voy. auboura-r.
Ouliva-r, cueillir les olives.
Oulo, marmite, pot de fer ou de terre.
Oumarino, osier.
Oumbrino, ombre, ombrage.
Ourme, oume, orme, ormeau, arbre.
Ourgueno, orgue ; sirène.
Ourlage, hurlement.
Oustau. Voyez h-oustau.
Outar. Voyez autar.
Outin, autin, treille élevée en forme de berceau.

P

Pacan, uno, villageois, paysan.
Paga-r, payer.
Pali, dais.

Palinèu, *èlo*, *palinous*, *ouso*, un peu pâle.
Paló, rustre, rustaud.
Palun, marais.
Pamen, *pas mens*, pas moins, néanmoins, pourtant, cependant.
Panar, *ardo*, boiteux.
Panardeja-r, *gea-r*, boiter, clocher.
Panicau, panicaut, *plante*.
Panoucho, chiffon, drapeau, haillon, guenille. (Il se dit par injure d'une femme mal-propre ou de mauvaise vie.)
Pa'n peu (litt. pas un poil), rien du tout.
Pantai, *pantailh*, songe, rêve.
Pantaia-r, *altha-r*, songer, rêver.
Parai? pour *es pas verai?* n'est-il pas vrai? n'est-ce pas vrai?
Pardinche! pardieu!
Parèu, paire, couple.
Parga-r (se), se carrer.
Paroult, langage.
Parpatoun, *parpailhoun*, papillon; dim. *parpatouné*, petit papillon.
Parpatolo, bête à Dieu, insecte; papillon.
Parpelo, *parpello*, paupière.
Passado, petit laps de temps, quelques instants.
Passeroun, moineau.
Passi, *ido*, passé, flétri.
Pasto-mourtié, rabot de maçon.
Patarasso, grand vilain chiffon; guenipe.
Patimen, souffrance.

Pati pata pa rés (m.l.), rien du tout. Façon de parler populaire pour appuyer sur la négation.
Pato, chiffon, drapeau; morceau d'étoffe.
Pau, *póu*, peur.
Pau, *póu*, *pauc*, peu.
Pau-de-sen, insensé, imbécile.
Paurio, nom coll., les pauvres gens.
Pè, bête, sot, stupide.
Pebroun, poivron.
Pecadou, pécheur.
Pecaire, *pechaire!* hélas! pauvre malheureux, etc.
Pecou, queue des fruits et des feuilles, pédicule.
Pecunio, argent monnayé, pécune, v. m.
Pedas, maillot; lambeau d'étoffe.
Pè-de-bourdo, pied-bot.
Pè-terrous (litt. pied terreux), paysan.
Pèl, poisson.
Peirau, paternel.
Peire, n. p. Pierre.
Pèje, le pied des arbres.
Pel (m. l.), pour le, par le.
Pelegre, pèlerin, pauvre hère.
Peló (dialecte d'Arles), maître d'une ferme.
Peloutro, pelure.
Penchina-r, peigner.
Pendoula-r, *penjourla-r*, pendre, pendiller.
Peneca-r, dormir d'un sommeil léger, sommeiller, roupiller.
Penequé, sommeil léger, de courte durée.
Penja-r, pendre.

Penjoulé, *eto*, qui pend, ou penche.
Pensamen-t, souci, peine d'esprit, penser.
Pensamentiéu, *pensatiéu*, pensif, rêveur.
Pensa-véire, jugez un peu!
Perèu, aussi.
Periquita-r, péricliter.
Perleja-r, *gea-r*, faire la perle, s'arrondir en perles.
Perlé, terme d'amitié: bijou, chef-d'œuvre; très-habile.
Perus, peru, poire sauvage.
Pescaire, *pescadou*, pêcheur.
Pesquié, réservoir, vivier, bassin où l'on nourrit du poisson.
Pessamen-t, souci.
Pessuga-r, pincer.
Pestela-r, fermer à clef.
Peta-r, crever, mourir; éclater, casser, craquer, claquer, peter.
Petara, pot-à-l'eau.
Peteja-r, *gea-r*, pétiller.
Peto, crottin.
Pèu, m. poil, cheveux; f. peau.
Pesou, *pevou*, pou. *Pesou reviéuda*, gueux enrichi.
Piado, empreinte des pieds, pas, trace.
Piboulo, *piblo*, *pibo*, peuplier, *arbre*.
Picailhos, *picailhouns*, monnaie, argent.
Pichó, *oto*, *pichoun*, *ouno*, petit, petite.
Piei, puis, ensuite.
Piels (m. l.), cheveux.
Pietadous, *ouso*, compatissant, miséricordieux; tendre, plaintif.
Piéu-piéu, onomatopée, petit cri de jeune oiseau.
Piéucello, vierge, jeune fille.
Piéuta-r, pioler.
Pigno, peigne.
Pinchina-r, peigner.
Piqua-r, *ca-r*, frapper, battre.
Piróu, *petróu*, chaudron.
Pita-r, becqueter; fig. manger quelque chose grain à grain.
Pitoué, jeune garçon.
Placa-r, apaiser. S'enfuir de la maison paternelle.
Plagnoun, plainte, soupir.
Plan, doucement; dim. *Planplané*, *planplaneto*, tout doucement; *ana-r plan de*, prendre garde de... S. m., indolence, flegme, lenteur.
Plan-pisso, nigaud, imbécile.
Plantado, plan, allée d'arbres.
Plantié, plan, verger; course vagabonde.
Planuro, plaine.
Plasé (m. l.), plaisir.
Pló, billot.
Plourous, *ouso*, mouillé, baigné de larmes; éploré, larmoyant.
Plouvino, gelée blanche; giboulée.
Pont-Axin, Pont-Euxin, Mer Noire.
Pouda-r, tailler la vigne.
Pourciéu, *pouciéu*, loge à cochons.
Pouleto, poulette; terme d'amitié.

Poulidesso, beauté, gentillesse.
Poult, ido, joli, beau.
Poumpouneja-r, gea-r (se), se choyer ; se pavaner.
Pouncheja-r, gea-r, poindre, paraître à peine ; regarder en passant, ou par une petite ouverture.
Pounchu, udo, pointu.
Pountet (lou), n. p. le Pontet, hameau (banlieue d'Avignon.)
Pourcarié, saleté, ordure ; vilenie.
Pouerge, pourgi-r, présenter, tendre.
Pourqueja-r, gea-r, se vautrer dans la débauche ; gâter, griffonner, bousiller, saveter.
Pourridié, pourriture ; enfant gâté.
Pous, puits ; pouls.
Pousaraco, puits-à-roue.
Pousso, pausso, poussière.
Pousleja-r, gea-r, courir la poste.
Poutira-r, tirer avec effort ; arracher.
Pouloun, baiser.
Pouloûneja-r, gea-r, baiser, baisotter.
Pouverin, givre.
Prega-r, prier.
Prejita-r, jeter des paroles en l'air, injurier.
Préu, prieur, premier, supérieur ; maître.
Prin, mince, fin, délié, svelte.
Proufounda-r, prefounda-r (se), s'engloutir, s'abîmer.
Proun, assez.
Prouvi, ido, prouvesi, ido, pourvu.

Q

Quan-t, combien.
Quauquarèm, quaucourèn, quicon (m. l.), quelque chose.
Que-noun-sai, quenounsai, je ne sais combien ; on ne peut plus.
Quellevié, quilevié, saleté, fumier.
Querre, quère, chercher, quérir.
Qu'h-ouro? quand ? à quelle heure ?
Quicon (m. l.), quelque chose.
Quiéu, cul.
Quila-r, crier, pousser un cri aigu.
Quela, ado, perché.
Quinsoun, pinson, oiseau.
Quista-r, quêter.
Quin, into, quel, quelle? lequel ? laquelle ?

R

Rabi, rage.
Rablo, oto, ragot.
Raca-r, vomir.
Raco, marc du raisin.
Rafi, valet de ferme.
Ragagnous, ouso, hargneux ; raboteux.
Ragirou, ruisseau.

Rai, rayon.
Raia-r, *raja-r*, couler.
Raïsso, averse.
Raja-r, *gea-r*, couler.
Ramaja-r, *gea-r*, ramager, coasser.
Ramagnóu, fantaisie bizarre.
Ramba, *ado*, ramassé, réfugié, réuni.
Rambaia-r, *aïlha-r*, ramasser, réunir.
Rampéu, grondeur.
Rampelage, roulement de tambour ; rappel.
Rampo, crampe.
Rapuga-r, grappiller.
Rascas, *asso* ; *rascassi*, *ido*, teigneux.
Rassa-r, scier ; fam. jouer du violon, de la basse, etc.
Rastelaire, râteleur.
Ratié, espèce d'épervier ; rétif.
Rato, souris.
Rato-penado, chauve-souris.
Rauba-r, voler, dérober, enlever, ravir.
Raubatori, rapt, enlèvement.
Rau, *auco*, enroué.
Ravasseja-r, *gea-r*, fréq. de *rava-r*, ne faire que rêver, s'endormir dans la rêverie.
Razou (m. l.), raison.
Reba, reflet, reverbération.
Rebatun, branche coupée, gourdin.
Rebeca-r, rebéquer, se rebéquer ; répliquer, riposter.
Rebifa-r (se), se rebéquer, regimber.
Reboull-r, bouillir de nouveau, fermenter ; souffrir, pâtir.
Rebouto, batardeau, petite digue.
Rebrica-r, répliquer, riposter.
Rebricur, *uso*, qui a la répartie prompte ; insolent.
Recaladou, repaire, réduit, refuge.
Recata-r, regagner, recouvrer, rattraper ; abriter, recueillir.
Reçaupre, *recebre*, recevoir.
Recouja-r, recoucher.
Redoun, *ouno*, rond.
Rego, raie ; sillon.
Regouira-r, regorger.
Reguigna-r, regimber, ruer.
Reineto, *raineto*, grenouille.
Rèire, arrière ; devancier, aïeul, ancêtres.
Rèire-gran, bisaïeul ; *rèiro-gran*, bisaïeule.
Reje, *ejo*, roide, roidi.
Rejougne, renfermer avec soin, en lieu de sûreté, serrer.
Relén, *ènto*, couvert de sueur.
Reloge, *gi*, horloge.
Reluca-r, reluquer, regarder. Voyez *aluca-r*.
Remiéuteja-r, *gea-r*, grogner, grommeler.
Ren (m. l.), rang.
Rèn, rien.
Renaire, grogneur, grondeur.
Rena-r, grogner ; pleurer souvent. Voyez *trena-r*.
Rengutelo, *rengutèro*, rangée, file ; *rengutelado*, longue rangée, enfilade.
Requiala-r, reculer.
Requinqueta, *ilhar* (se), 53

rengorger, s'épanouir. *Lis-aurcio requinquetado*, les oreilles fièrement dressées (en parlant des mulets, des ânes, etc.)
Requis, *isto*, recherché, rare.
Res, personne; en laug. rien.
Rescura-r, *escura-r*, écurer.
Rès d'aié, tresse d'ail.
Respous, éclaboussure.
Respousca-r, éclabousser.
Resquia-r, *ilha-r*, glisser.
Retirado, hospitalité.
Reverligué, *eto*, vif, éveillé, réjoui, alerte.
Revessa-r, *envessa-r*, renverser.
Reviéuda-r, ranimer, raviver.
Reviscoula-r, ravigoter, regaillardir, réjouir.
Revoulun, revolin, tourbillon.
Revoulunado, revolin, rafale, tourbillon.
Ribambèlo, longue file, troupe.
Ribas, augm. péjoratif de *ribo*, rive, bord.
Richas, gros riche, richard.
Richouneja-r, *gea-r*, sourire.
Riéu, *riau*, ruisseau.
Rigau, rouge-gorge, oiseau.
Rigoumigo, anguille ; gri-
mace ; bourrelet que fait un habit mal confectionné, ou une pièce mal posée.
Rigóu, rigole.
Rin, *rasin*, raisin.
Risèn, *ènto*, riant, souriant.
Risoulé, *eto*, enjoué, de bonne humeur, qui aime à rire.
Rode, lieu, endroit.
Rodo, *ròda*, roue.
Roucas, rocher ; dim. *roucassoun*.
Rouiga-r, *rousiga-r*, ronger.
Roumaniéu, romarin, arbuste.
Roundelé, dim. de *round*, rond, cercle, petite compagnie en rond, groupe.
Roun-roun, mot formé par onomatopée, pour exprimer un certain ronflement que font les chats.
Rountau, tertre boisé.
Rouquelo, plante.
Roure, *rôure*, *rouve*, chêne-blanc, *arbre*.
Rouvela-r, ronfler ; grommeler.
Runla-r (m. l.), rouler.
Rusco, écorce.
Rustica-r, travailler aux champs ; faire un travail pénible.

S

Sadou, *oulo*, soûl, rassasié.
Sadoula-r. Voyez *assadoula-r*.
Sagagna-r, secouer, agiter.
Sagata-r, poignarder, tuer.
Sagno, plante marécageuse.
Sai (noun), pour *noun sabr*, *noun save*, je ne sais. (Dans quelques localités, on répond aussi ellipti-

quement *sai*, pour dire : Je ne sais pas.

Salopo (la), on appelle ainsi, à Marseille, le ponton qui sert à nettoyer le port.

Sambu, sureau, *arbre*.

Samena-r, semer, ensemencer ; disséminer.

Sans-utro (li), terre stérile, marais.

Sang-fla, calme, que rien n'émeut.

Santopabiéu ! sarnebiéu ! sarnibiéu, jurons corrompus qui, dans leur origine, peuvent avoir signifié *par le sang de Dieu !*

Saramen, serment.

Sarma, ado, *serma*, ado, mêlé avec de l'eau ; tempéré.

Sarraleja-r, gea-r, tourner et retourner la clé dans la serrure.

Sarra-r, fermer à clé ; scier. Voyez *rassa-r*.

Sartan, poêle à frire.

Saumié, poutre.

Sauna-r, saigner.

Saunous, ouso, saignant, sanglant.

Saupré, sache-r, sabe-r, savoir.

Saustero, saussaie, lieu planté de saules.

Se, sen, sein ; soif, sec, si.

Sebisso, haie vive ou morte.

Seca-r, sécher.

Sedo, soie.

Segage, fauchage ; *segaire*, faucheur.

Sega-r, faucher ; subst. fauchée.

Segoundari, vicaire.

Segui-r, suivre.

Segur, sûr ; assurément.

Semoundre, offrir, présenter ce qu'on veut donner.

Sèmpre, toujours.

Sen (m. l.), saint.

Sena, ado, sensé.

Ser, serpent.

Serbèn (m. l.), nous servons.

Serma. Voyez *sarma*.

Sero, soir.

Serpeias, drap de grosso toile, haillons.

Serre, s. m., cime, crête de montagne, col, défilé entre deux monts ; montagne.

Ses (m. l.), vous êtes.

Sèti, siége pour s'asseoir.

Siau, calme, tranquille.

Sies, sios (m. l.), tu es ; *sian-m*, nous sommes ; *sia-s*, vous êtes.

Sieto, assieto, assiette (sorte de vaisselle.)

Sièucla-r, sarcler.

Sièure, liége.

Sor, sore, souer, souere, sur, sœur ; dim. *soureto*, petite sœur.

Sorgo, Sorgue, petite rivière formée par les eaux de la fontaine de Vaucluse ; source ; dim. *sourguelo*, petite source.

Som, souem, f. sommeil ; m. somme.

Sóu, sol, terre ; sou.

Sóu, saub, il sait.

Soubretout, subretout, surtout.

Soucas, augm. de *souco*, souche.

Soulamen-t, souldamen-t, sucamen-t, soucamen-t, seulement.

Soulami, plainte, soupir, sanglot; chant plaintif.
Soulas, consolation, soulagement, plainte, gémissement.
Souletas, augm. de *soulèu*, soleil ardent.
Souna-r, sonner; appeler.
Sourel (m. l.), soleil.
Sourn, sourne, obscur, sombre; adv. sourdement.
Sournaru, udo, sombre, taciturne, sournois.
Sourniero, *sournuro*, obscurité, ténèbres.
Souspichous, *ouso*, soupçonneux, défiant, méfiant.

Sousta-r, protéger, épargner, mettre à couvert.
Soutaras, sournois.
Subran, soudain, tout à coup.
Sudura-r, supporter, endurer.
Su, suq, sommet de la tête; tête.
Sujo, suie.
Sus ! int. dont on se sert pour exhorter, exciter. Sus ! sus donc ! allons !
Susa-r, *za-r*, suer; *tressuza-r*, suer à grosses gouttes.
Suzarèn, *ènto*, trempé de sueur.

T

Tabasa-r, frapper à coups redoublés.
Tubé, tambèn, aussi.
Tafanari, fesses; cul.
Tafura-r, fouiller, fureter.
Tai, tranchant.
Taloun, morceau.
Talèu (lang.), *tan lèu, autan lèu*, aussitôt.
Talounado, badinerie.
Tamarisso, tamarisc, arbrisseau.
Tanca-r, enfoncer; fermer la porte avec la *tanco*, barre placée en arc-boutant.
Tan fa, tan ba, sitôt dit, sitôt fait.
Tapa-r, boucher, couvrir. Voyez *atapa-r*.
Tardié, ero, tardif.
Tarnassa-r, traîner.
Tarretrou, panier pour porter la terre, etc.

Tatecan, *catecan*, par corruption pour *quand et quand*, aussitôt, sur l'heure.
Tauleja-r, *gea-r*, banqueter; rester longtemps à table.
Tavan, taon, insecte.
Tavaneja-r, *gea-r*, voltiger comme un hanneton; ennuyer. S'amuser à des vétilles.
Teleto, toilette.
Télo, toile.
Tenco, tanche (poisson d'eau douce.)
Tento, muscles tendus de la partie postérieure du cou.
Tepo, gazon.
Terraire, *terradou*, territoire, terroir.
Testar, *ardo*, têtu.
Teté, sein.
Tian, grand plat de légu-

mes, d'herbage, etc.; ragoût de courge cuit au four.
Tibanèu, tente de moissonneur et de glaneuse. *Vièi tibanèu*, vieil imbécile (à Avignon.)
Tibla-r, être tendu.
Tièro, rangée; bande, troupe.
Tinèu, cuvier.
Tin-tin, argent comptant, espèces sonnantes.
Tintourla-r, choyer, mijoter.
Tirassa-r, traîner.
Tistoun, dim. de Baptiste.
Toinoun, dim. d'Antoine.
Toro, chenille. (C'est le nom qu'on donne, en Provence, à la chrysomèle du peuplier, insecte de l'ordre des coléoptères et de la famille des herbivores, très-communs partout.)
Torse, tordre.
Toucant, à côté, tout près.
Toupin, pot-au-feu.
Tournamai, de nouveau, derechef.
Tourtouro, tourterelle.
Toutaro, tout à l'heure, à l'instant.
Toubèujus, à peine, juste, précisément.
Toutesca, il n'y a qu'un instant.
Trabal (m. l.), travail.
Trachi-r, croître, prospérer.
Trafiga-r, transpercé.
Trambola-r (m. l.), trembler.
Tranca-r, trancher, fendre.
Trantrala-r, marcher d'un pas chancelant; trembloter.
Trapadou, pont de planches auquel on amarre le bac; fig. la *barque de Caron*.
Trapeja-r, gea-r, piétiner, fouler.
Trauca-r, trouer, percer.
Treboula-r, troubler.
Trefouli-r, raffoler; être transporté de joie ou d'amour.
Trelusi-r, briller d'un vif éclat, resplendir.
Tremoula-r, trembler.
Tremoulun, tremblement, frisson.
Tremount, coucher du soleil.
Tremountano, Tramontane, vent du Nord.
Trempo, piquette.
Trena-r, sangloter; soupirer; tresser.
Treno, tresse.
Tresana-r, tressaillir.
Trevan, revenant.
Treva-r, aller, venir. Se dit particulièrement des fantômes.
Trignoun, carillon.
Trigos, secousse, agitation.
Trima-r, trotter, marcher vite, et par ext. travailler beaucoup et avec effort, peiner, se peiner.
Trinassa-r, traîner.
Trissa-r, broyer, piler.
Tró, troue, tros, tronçon, morceau.
Trobas (m. l), tu trouves.
Tron, tonnerre.
Troubaire, trouvère, troubadour.
Trouna-r, tonner.

O.

Troupelado, troupe.
Trufa-r (se), se moquer, se gausser.
Trufarié, moquerie.
Tu, *tus* (m. l.), toi.
Tuba-r, fumer, jeter de la fumée.
Tubélo, épaisse fumée.
Tucle, myope.
Turta-r, heurter.

U

Ubri, livre.
Uéc, *uilh*. Voyez *huilh*.
Utau, éclair.
Urous, *ouso*, heureux.

V

Vacarés, n. p. Étang situé au fond de la Camargue.
Vala, *vallat*, fossé, ruisseau.
Van (en), en vain.
Van, essor, élan. *Prendre lou van*, s'élancer.
Vanega-r, errer, vaguer.
Vanelous, *ouso*, nonchalant, paresseux.
Vaqueto, petite vache.
Vaqui, *vaquit*, *velaqui*, voilà, le voilà.
Varata-r, *altha-r*, chercher, fouiller; aller d'ici, de là.
Varoun, œstre du taureau, insecte.
Vechen (m. l.), en voyant.
Vedéu, veau.
Vedigano, bâton de vigne; gaule, houssine.
Véire, voir; verre.
Velou, le voilà.
Vendumia-r, *vendemia-r*, vendanger.
Vendumiaire, m. *vendumiarèlo*, f., vendangeur, euse.
Vengatiéu, vindicatif.
Ventarau, vent impétueux; mistral.
Ventoulé, vent doux, zéphyr, brise.
Vergougno, honte; timidité.
Vergougnous, *ouso*, honteux; timide.
Verinous, *ouso*, vénimeux; vénéneux.
Verme, ver.
Vesperado, *vesprado*, soirée.
Vèspre, soir.
Vesti-r, vêtir, habiller.
Veto, bandelette, ruban, tresse, attache.
Véuse, *so*, veuf, veuve.
Vhui, *vhuèi*, *hieui*, *uèi*, *enquieui*, *hiol* (lang.), aujourd'hui.
Viadase, *viedase*, terme injurieux qui, dans son origine, signifiait *visage d'âne*; adj. bête, sot.
Viadase ! int. diantre ! Les Provençaux disent aussi *viadauco*, *viedauco* (visage d'oie) dans ces diverses acceptions.
Vidasso (augm. de *vido*, vie). Vie somptueuse, bonne chère. Il se prend aussi en mauvaise part.
Viège, *vuège*, *vège*, vide.

Vieilhounge, vieillesse.
Viésti, habit, vêtement.
Vieto, veilleuse.
Viéure, vivre. s. m. et v.
Viéutoula-r (se) ou *se viéuta-r*, se vautrer.
Vinasso, augm. de *vin*. Il se prend aussi en mauvaise part.
Viouhié, violier, *plante*.
Vira-d'ieu, clin d'œil.
Vira-r, tourner.
Vise, sarment.
Vitupèri, blâme, reproche.

Vol (m. l.) : *acò vol*, cela vaut.
Vóu, volée; vol.
Voues, voix.
Voulame, oulame, ourame, faucille.
Voulastreja-r, *gea r*, voltiger, voleter.
Voulount-à-dire, voulant faire entendre, signifiant par là.
Vounvouna-r, bourdonner.
Vounvounamen-t, bourdonnement.

Y

Y'a, *ia*, *ll a*, il y a.
Ye. Voyez *hi*.
Yu. Voyez *huilh*.

Yé. Voyez *liéch*.
Yoch (m. l.), huit.

Zino, nom propre. dim. de Thérésine.
Zou, le : *zou sabi*, je le sais.
Zóu ! çà ! allons ! soit ! frappez !
Zouba-r, frapper, maltraiter de coups.

Zouné, dim. de Thérèse, Thérésine.
Zounzouna-r, bourdonner; jouer du violon. (Terme enfantin.)
Zounzoun, bourdonnement; violon. (Terme enfantin.)

FIN.

Contraste insuffisant
NF Z 43-120-14

www.ingramcontent.com/pod-product-compliance
Lightning Source LLC
Chambersburg PA
CBHW050238230426
43664CB00012B/1749